세상에 대하여 우리가
더 잘 알아야 할 교양
17

### 지은이 | 옮긴이 | 감수자 소개

**지은이 캐스 센커 Cath Senker**
20여 년 동안 어린이 책 편집자로 일했으며 100권이 넘는 어린이 책을 썼습니다. 글로벌 이슈, 역사, 종교, 인문지리학, 환경 문제 등에 관심이 많습니다. 현재는 영국 왕실문학기금(Royal Literary Fund)의 연구원으로 일하면서 대학생들을 위한 글쓰기 교육 자문을 맡고 있으며, 출판사에서 프로젝트 매니저 일을 하고 있습니다. 지은 책으로는 《Anne Frank : Voice of Hope》《Global Questions : Why Do People Seek Asylum?》《Our World Divided : North and South Korea》 등이 있습니다.
저자 홈페이지 www.cathsenker.co.uk

**옮긴이 이주만**
총신대학교에서 영어교육을 전공했으며 서강대학교 대학원 영어영문학과를 졸업했습니다. 현재는 번역가들의 모임인 바른번역의 회원으로 활동 중입니다. 옮긴 책으로는 《케인스를 위한 변명》《화폐의 심리학》《돈에 관한 모든 것》《CSI는 하이힐을 신지 않는다》《인재쟁탈전》 등이 있습니다.

**감수자 홍성수**
런던정치경제대학교(LSE)에서 박사 학위를 받고 현재 숙명여자대학교 법학부 조교수로 재직 중입니다. 전공 분야는 법철학, 법사회학, 인권법이며, 최근에는 국가인권위원회, 인권 이론, 인권 경영, 표현의 자유, 인권 조례, 차별금지법, 법과 정치, 성희롱, 소송 운동 등의 주제를 연구함과 동시에 그와 관련된 시민 사회 운동에도 참여해 왔습니다. 저서(공저)로는 《감시 사회》《법사회학》《MT 법학》 등이 있습니다.

# 세상에 대하여 우리가 더 잘 알아야 할 교양

캐스 센커 글 | 이주만 옮김 | 홍성수 감수

**17**

## 프라이버시와 감시
자유냐, 안전이냐?

내인생의책

# 차례

감수자의 말 - 6

들어가며 : 위키리크스 사태로 보는 프라이버시 논쟁 - 8

1. 프라이버시와 감시란 무엇일까요? - 11

2. 인터넷 이용과 프라이버시 - 21

3. 학교에서의 프라이버시 침해 - 35

4. 직장에서의 프라이버시 침해 - 49

5. 대중 매체의 프라이버시 침해 - 59

6. 범죄 예방을 위한 감시 : CCTV와 프로파일링 수사 - 69

7. 범죄 예방을 위한 감시 : 도청과 인터넷 감시, DNA 데이터베이스 구축 - 81

8. 미래 사회의 프라이버시와 감시 - 97

용어 설명 - 104
연표 - 108
더 알아보기 - 111
찾아보기 - 113

※ **굵은 글씨**로 표시된 단어는 104쪽 용어 설명에서 찾아보세요.

| 감수자의 말 |

프라이버시에 관한 권리가 인권의 목록에 등재된 것은 근대 시민혁명 이후입니다. 근대 시민혁명의 이념인 '자유주의'는 국가의 간섭 없이 시민들이 최대한의 자유를 누릴 수 있을 때 최상의 결과가 나온다는 생각이었습니다. 그런데 시민들이 자유를 향유하려면 우선적으로 어떠한 간섭으로부터도 방해받지 않고 '홀로 있을 권리'가 있어야 합니다. 그것이 바로 '프라이버시권'이었습니다. 프라이버시권은 인간이 다른 권리를 누리기 위해 전제가 되는 기본적인 인권입니다. 자신의 생각을 형성하고, 그것을 표현하고, 정치에 참여하려면, 다른 간섭 없이 홀로 있을 물리적, 심리적 공간이 필요하기 때문입니다.

오늘날 프라이버시권에는 두 가지 의미가 있다고 할 수 있습니다. 소극적인 의미로는 사생활의 비밀을 침해받지 말아야 한다는 것이고, 적극적인 의미에서는 개인 정보의 수집·유통·활용 등을 그 주체가 스스로 결정할 수 있어야 한다는 것입니다. 이 책이 여러 사례를 통해서 보여주듯이 현대 사회에서는 이 두 가지 의미의 프라이버시가 모두 심각한 위협을 받고 있습니다. CCTV 등을 통해 사생활이 침해되거나, 인터넷 등을 통해 자신의 개인 정보가 유출되는 것이 대표적인 사례이지요.

유감스럽게도 한국에서는 문제가 더 심각합니다. 한국은 사생활이나 개인 정보의 중요성에 대한 감수성이 취약해서, 국가나 공동체의 이익이 프라이버시보다 우선이라는 생각이 널리 퍼져 있기 때문입니다. 이 책에 나오는 사례처럼 범죄 예방을 위해서, 공공 업무를 위해서, 고객으로서 편리함을 제공받기 위해서 사생활의 비밀을 침해받거나 개인 정보가 유출되는 것에 무신경한 경우가 많다는 것이죠.

하지만 최근에는 프라이버시의 소중함을 인식하는 사람들이 점점 늘고 있습니다. 다른 가치를 위해 프라이버시가 일방적으로 희생당하는 것을 거부하는 사람들도 늘어나고 있고요. 때로는 공익이나 편리를 위해서 자신의 사생활이나 개인 정보의 공개를 감수해야 하는 경우도 있을 겁니다. 하지만 그것이 과연 진정으로 필요한 것인지, 또 필요한 최소한의 정도인지를 끈질기게 따져 물어야 합니다. 이것이 습관화되어 있지 않으면 우리의 프라이버시는 야금야금 그 자리를 침탈당하고 말 겁니다.

이 책은 프라이버시가 침해될 때 발생하는 위험을 인지하게 해 주고 우리가 할 수 있는 실천이 무엇인지 알려 주는 길잡이 역할을 합니다. 이 책에 나오는 여러 이야기를 우리 자신의 문제로 여기고, 우리의 일상에서 벌어지는 일들을 하나하나 점검해 보는 것에서 시작하면 좋을 것 같습니다. 프라이버시권은 그 '주인'이 스스로 자신의 권리를 찾고자 부단히 노력할 때만 지켜질 수 있습니다.

## 들어가며 : 위키리크스 사태로 보는 프라이버시 논쟁

위키리크스(WikiLeaks)는 2006년 내부 고발 목적으로 설립된 국제적인 비영리 기관입니다. 호주 출신의 언론인 줄리안 어산지가 만들었지요. 지난 수년간 각국 정부나 기업들이 작성한 기밀문서를 일반에 공개하면서 세상의 주목을 받고 있습니다. 기자들과 자신이 속한 조직의 위법 행위를 신고하려는 **내부 고발자**들이 주로 이 단체의 **정보원**입니다. 위키리크스 측에서는 이렇게 받은 자료를 검토하고 진위 여부를 확인한 뒤에 자신들이 운영하는 웹 사이트에 차례차례 공개하고 있지요.

2010년 위키리크스는 미군이 아프가니스탄에서 수행한 군사 작전 기밀문서 9만여 건과 이라크 전쟁 문서 40만여 건을 공개했습니다. 미군이 무고한 민간인을 사살하고 잡은 포로들을 고문했다는 내용이었습니다. 같은 해 위키리크스는 세계 각국의 미국 대사들이 작성한 25만여 건의 외교 전신도 공개했습니다. 거기에는 미국이 유엔(UN) 고위 인사들을 **사찰**한 내용이나 인권 탄압을 일삼는 여러 정권들을 묵인하고 지원한 사실이 적나라하게 드러나 있습니다.

위키리크스가 비밀 문건을 공개할 때마다 격한 논쟁이 따라붙습니다. 어산지와 그의 지지자들은 정보는 모든 이들에게 평등하게 주어져야 하며, 그것이 위키리크스의 존재 이유라고 주장합니다. 또 국민들은 정부가 하는 일에 대해 알 권리가 있다고 강조합니다. 사실 위키리크스가 공개한 문서만 봐도 정부가 국민에게 밝힌 내용과 실제 배후에서 일어난 일 사이에 앞뒤가 맞지 않는 부분이 있습니다.

하지만 각국 정부는 외교 정보를 공개하는 위키리크스를 향해 당사자들의 프라이버시를 침해하고 국제 관계에 심각한 타격을 입히는 행위라고 비난합니다. 파키스탄 주재 미국 대사가 말했듯이 외교관들이 솔직하게 정보를 교환하는 건 서로 비밀을 누설하지 않는다는 전제가 깔려 있기 때문이지요. 외교관들은 기업의 최고 경영자에서 인권 운동가

2010년 10월 위키리크스의 설립자 줄리안 어산지가 기자 회견을 갖고 있다. 이 자리에서 그는 미군의 이라크 전쟁 작전 계획을 공개했다.

까지 다양한 각계 인사들과 접촉합니다. 만약 부정부패 추방에 앞장서는 제3세계의 운동가가 비밀이 보장되리라 믿고 국가기관의 비리 정보를 공유했는데 그 사실이 공개돼 버린다면 어떻게 될까요? 그 운동가의 프라이버시가 노출되는 건 물론이고 경우에 따라서는 목숨까지 위험해질 수 있습니다.

프라이버시는 어떤 경우에도 침해되어서는 안 되는 신성불가침의 권리일까요? 아니면 공공의 이익을 위해 어느 정도는 제한할 수 있는 것일까요? 위키리크스는 국가기관이 수많은 시민들을 감시해 온 활동 내역을 폭로했습니다. 만일 국가기관의 감시가 피할 수 없는 필요악(必要惡)이라면 우리 사회를 보호하기 위해 허용되는 감시 활동의 범위는 어디까지일까요?

## 알아두기

다음은 위키리크스가 공개한 각국 주재 미국 대사들의 외교 전신 가운데 일부다.

- 이란 : 여러 아랍 국가 지도자들이 핵무기를 개발 중인 이란을 공격해 달라고 미국에 요청했다.
- 수단 : 오마르 알바시르 대통령이 국고에서 90억 달러를 빼돌렸다.
- 미국 : 힐러리 클린턴 국무부 장관이 유엔 고위 인사들의 디엔에이(DNA) 샘플과 신용카드 사용 내역을 수집하라고 수하 외교관들에게 지시했다.

시민들에게 이런 정보를 공개해야 할까, 아니면 비밀로 해야 할까?

# 프라이버시와 감시란 무엇일까요?

유럽인권조약(European Convention on Human Rights) 8조는 '모든 사람은 개인 정보, 통신, 주거 공간에 대해서 프라이버시를 존중받을 권리가 있다.'라고 명시함으로써 이를 잘 표현하고 있지요.

**프라이버시**와 감시에 대한 논쟁에 들어가기에 앞서 먼저 두 용어의 의미에 대해 알아보고 감시가 행해지는 이유에 대해 살펴봅시다.

### 프라이버시의 세 가지 영역

**프라이버시**의 영역은 크게 세 가지 범주로 나눠 볼 수 있습니다. 우선 개인 정보를 들 수 있습니다. 학교 성적, 병원 진료 기록 등 개인을 식별할 수 있는 모든 정보가 여기에 해당하지요. 그다음으로 통신 내역을 들 수 있습니다. 여기에는 우리가 주고받는 우편물, 이메일, 통화 기록 등이 해당되지요. 마지막으로 주거 공간에서의 프라이버시가 있습니다. 이는 우리가 먹고 자는 공간에서 누리는 사생활 비밀과 자유를 의미합니다. 유럽인권조약(European Convention on Human Rights) 8조는 '모든 사람은 개인 정보, 통신, 주거 공간에 대해서 프라이버시를 존중받을 권리가 있다.'라고 명시함으로써 이를 잘 표현하고 있지요.

### 감시의 의미와 유형

《옥스퍼드 영어 사전》에서는 **감시**(surveillance)를 '경찰 등 사법 당국이 의심스러운 이를 주의 깊게 살피는 것'이라고 정의하고 있습니다. 관찰, **감청**, 녹음·녹화, 사진 촬영, 추적 등의 방법으로 정보를 모으는 것부터 시작해 모은 정보를 데이터베이스로 관리하는 것까지 모두 포함된답니다.

감시의 유형에는 대규모 집단을 대상으로 하는 대중 감시와 특정 개인을 대상으로 하는 표적 감시가 있습니다. 또 다르게는 공공장소에 설치된 CCTV(폐쇄 회로 텔레비전)를 이용해 공개적으로 감시하는 경우와 잠복 요원을 동원해 은밀하게 감시하는 경우로도 나눌 수 있어요.

▌무장한 경찰이 영국 맨체스터 공항을 순찰하고 있다.

중국 심천 시에 있는 한 인터넷 카페에서 자원 검열단이 인터넷 사용 실태를 점검하고 있다. 중국 정부는 체제 비판적인 웹 사이트들을 특히 집중 검열한다. 이는 분명 자유를 구속하는 행위다.

## 감시의 역사

예로부터 각국 정부는 자신들의 정적을 감시해 왔습니다. 가령 엘리자베스 1세(재위 1558~1603년) 시절 첩보 활동으로 명성을 날린 프랜시스 월싱엄 경은 여왕에 맞선 반란 모의를 수차례 적발했지요. 러시아의 비밀경찰 조직 오크라나(Okhrana, 1881~1917년)는 노동조합과 정당에 첩자를 심어 놓고 반정부 활동을 하는 인사들을 감시했습니다.

20세기 초에는 자기기록 테이프가 개발되면서 대화를 **도청**하는 동시에 녹음을 할 수 있게 되었습니다. 1980년대 이후에는 컴퓨터, 인터넷, 전자 장비들이 발전하면서 사람들이 정보를 교환하는 방식에 큰 변혁이 일어났고 이에 따라 감시 기술도 크게 변화했어요.

2001년 미국의 9.11 테러로 인해 서방 여러 국가에서 강력한 감시 정책의 도입을 요구하는 목소리가 나타났습니다. 그래서 서구 사회는 시민을 보호하기 위해 일련의 강력한 감시 정책들을 만들어 나가기 시작했어요.

### 감시를 하는 이유

오늘날 각국의 정보기관은 시민들에게서 수집한 수천 가지 정보를

### 찬성 VS 반대

현재 우리 미국과 전쟁 중인 **알 카에다**(Al Qaeda)는 대량 살상 무기로 무장하고 있다. (…) 알 카에다는 우리 도시와 공동체 내부에 침투해 그들과 연계된 공작원들과 더불어 무고한 미국 시민들을 살상하려 하고 있다. 미국 정부는 **헌법**이 허락하는 모든 수단을 동원해 향후 있을 알 카에다의 공격을 예측하고 저지해야 한다. 대통령의 뜻도 이와 다르지 않다.
— 2006년 미국 법무부의 '테러범 감시 프로그램' 도입 선언

테러 방지 대책은 보호하려는 공익(公益)과 침해되는 사익(私益) 간에 균형이 맞아야 하며 민주적 가치를 훼손해서도 안 된다. 테러의 위협으로부터 시민을 보호할 목적으로 법을 만든다고 할지라도 인간의 권리와 자유의 본질적인 내용을 침해해서는 안 된다.
— 웹사이트 오브리버티 시민의 자유를 위해 설립한 단체

매주 기록합니다. 이런 정보는 대부분 데이터베이스에 단순 저장되기 때문에 의미 있는 감시 활동이라 보기 어려워요. 하지만 경찰, 지방자치단체, 중앙정부 등 권력기관이 어떤 의도를 가지고 회사나 민간단체에 특정 개인의 신상 정보를 요구한다면 상황이 달라집니다. 권력기관까진 아니더라도 기업체에서 하는 정보 수집 활동 역시 경우에 따라 감시 활동으로 분류될 수 있어요.

감시 활동이 행해지는 이유는 매우 다양합니다. 여기서는 기업이 마케팅 자료로 쓸 목적에서 하는 감시와 국가기관이 범죄를 예방할 목적에서 하는 감시를 짚어 봅시다.

### 마케팅 목적의 감시

기업은 고객에 대한 정보를 수집하고 분석해 매출을 높이는 데 이용합니다. 기업은 소비자가 구입한 상품과 소비자 연락처 등을 수집해 고객 정보 **데이터베이스**를 구축합니다. 이러한 작업을 **데이터 마이닝**(data mining)이라고 부르지요. '지하자원처럼 데이터를 캐내다.'라는 의미입니다. 정보 추적 작업은 대개 인터넷과 소셜 네트워크 서비스(SNS)상에서 이뤄집니다. 기업은 소비자가 원하는 상품을 효과적으로 파악해 대응할 수 있어 이런 감시가 소비자에게도 유익하다고 주장하지요.

하지만 이러한 추적은 얼마든지 개인의 프라이버시를 침해하는 마케팅 방식으로도 나타날 수 있습니다. 극단적인 사례지만 캐나다의 한 장례 서비스 업자가 병원에서 암 환자 명단을 입수한 뒤 환자들에게 장례 상품을 판매하려고 한 경우가 그렇습니다. 기업의 감시 활동이 도를 넘어서게 되면 합법과 불법 사이를 아슬아슬하게 오가기도 하지요. 가령 경쟁사를 무너뜨리기 위해 제품 아이디어를 도용한다면 이는 허용 가능한 감시 활동의 범위를 넘어서는 것입니다.

> **사례탐구**  **페이스북으로 알아내는 개인사**
>
> 자신의 개인 정보를 온라인상에 마음껏 공개하는 사람들이 있다. 거기에 올린 정보를 누군가 수집하고 조합해 자신의 삶을 완전히 꿰뚫어 볼 수도 있다는 사실은 미처 깨닫지 못하는 듯하다. 자칫 신변에 위협이 생길 수도 있는데 말이다.
>
> 2008년 캐나다의 한 신문기자가 인터넷에서 개인을 감시하는 일이 얼마나 쉬운지 직접 시연해 보았다. 기자는 열일곱 살인 제니퍼 포터의 페이스북(Facebook) 프로필을 보고 포터의 개인사와 인적 사항을 조합한 다음 그녀를 만나 자신이 알아낸 사실을 들려주었다. 기자는 포터의 집 주소와 휴대전화 번호, 아르바이트 근무지, 입학 예정 대학과 전공과목, 취미, 좋아하는 책과 음악까지 알아냈다.

페이스북 가입자는 이제 10억 명을 넘어섰고 그중 절반 정도가 수시로 계정에 접속한다. 불행히도 자신의 개인 정보가 얼마나 많이 노출되는지 인식하지 못하는 사용자가 많다.

**방문 마케팅**은 요즘도 기업이 선호하는 정보 수집 방법 중 하나다. 기업은 이렇게 수집한 개인 정보가 외부로 유출되지 않도록 보호할 법적 의무가 있다.

### 범죄 예방을 위한 감시

시민의 안전을 지키기 위한 목적의 감시도 있습니다. 경찰은 수사의 일환으로 범죄 **혐의**가 있는 사람의 통화 내역을 통신사에 요구할 수 있습니다. 세무 당국에서는 탈세 여부를 확인하고자 금융기관에 개인 재무 기록을 요구할 수도 있지요. 물론 이런 감시 활동에는 모두 법적 근거가 있어야 합니다.

기업도 위법 행위를 사전에 방지하는 차원에서 감시를 합니다. 만일 여러분의 계좌에서 단시간에 아주 여러 번에 걸쳐 거래가 일어날 경우 은행의 연락을 받을 수도 있어요. 혹시 누군가가 불법적으로 여러분의 계좌에 접근한 건 아닌지 조사하기 위해서입니다.

### 간추려 보기

- 프라이버시 보호란 크게 개인 정보, 통신 내역, 주거 공간에서의 비밀 보호를 말한다.
- 감시는 수사 당국 등이 의심스러운 이를 주의 깊게 살피는 일이다.
- 범죄 예방에서 마케팅과 같은 상업적인 동기에 이르기까지 감시가 행해 지는 이유는 다양하다.

# 2
CHAPTER

## 인터넷 이용과 프라이버시

일단 인터넷에 노출된 개인 정보는 통제하기가 무척 어렵습니다. 인터넷에 접속하는 순간 우리가 채 느끼지도 못하는 사이에 수많은 개인 정보가 노출되지요. 구글(Google) 같은 검색엔진은 우리가 검색하는 목록을 보관합니다. 이것을 디지털 추적(digital tracking)이라고 하지요.

**인터넷**의 발달로 과거에 비해 보호되는 프라이버시의 범위가 크게 좁아졌습니다. 여러분의 친구들, 기업들, 심지어 범죄자들까지도 여러분의 개인 정보에 아주 쉽게 접근할 수 있게 됐지요. 한 개인의 프라이버시가 이토록 쉽게 그리고 많이 노출되는 건 역사 이래 처음입니다. 가장 사적인 공간이라 할 수 있는 집안에서조차 프라이버시를 보호받기 어려운 시대가 되어 가고 있답니다.

### 프라이버시 보호와 SNS

SNS는 편리한 점이 참 많습니다. 우리는 이런 사이트를 통해 가족이나 친구들과 편하게 소식을 주고받고 모임이나 행사에 대한 정보를 공유하며 친교를 다질 수 있어요. 개인 정보 설정 기능을 이용하면 얼마나 많은 정보를 공개할지 범위를 정할 수도 있지요.

하지만 알아 둘 사실이 있습니다. 가령 **페이스북**은 우리가 올린 문서와 이미지 등 모든 자료를 회사 서버에 저장합니다. 페이스북에서는 프로필 사진과 친구 명단, 개인 관심사 등 몇몇 정보는 숨기고 싶어도 숨길 수가 없어요. 이런 개인 정보를 가급적 비공개로 해 두고 싶은 사용자들도 있겠지만 말입니다.

　SNS에 저장된 정보는 아주 장기간 남아 있습니다. 자기 계정을 삭제한다고 해도 **검색엔진**이 저장해 둔 페이지나 다른 사용자의 페이지에는 계속 남아 있어요. 그래서 내가 더는 페이스북을 이용하지 않는다고 해도 다른 사람들은 나의 사진과 정보를 계속 인터넷으로 공유할 수 있습니다. 장차 내가 지원할 대학의 입학 심사 위원들이나 회사의 고용주가 이런 정보를 발견하고 나에 대한 편견을 가질지도 모를 일이지요. 부정적으로 비칠 수 있는 정보가 있다면 심사에 불리하게 작용할 수도 있습니다.

| 사람들은 SNS에 파티 사진을 올리곤 한다. 하지만 이런 사진이 고용주의 눈에 띄지 않기를 바라는 사람들도 많을 것이다.

▎고용주는 입사 지원자의 SNS 이용을 살펴보고 면접에 그 활동 내역을 반영할 수 있다.

## 프라이버시 보호와 인터넷 비즈니스

일단 인터넷에 노출된 개인 정보는 통제하기가 무척 어렵습니다. 인터넷에 접속하는 순간 우리가 채 느끼지도 못하는 사이에 수많은 개인 정보가 노출되지요. 구글(Google) 같은 검색엔진은 우리가 검색하는 목록을 보관합니다. 이것을 **디지털 추적**(digital tracking)이라고 하지요. 또 수많은 웹 사이트가 **쿠키**(cookie)라는 작은 정보 조각을 우리 컴퓨터에 설치해 사이트 이용 내역을 수집합니다. 그래서 우리가 다음번에 접속할 때 해당 사이트는 이미 우리의 이용 내역을 알고 대응하지요. 우리가 사이트를 방문하고, 상품과 서비스를 거래하고, 온라인 설문 조사에 응하고, 게임을 할 때마다 기업에서는 우리의 정보를 수집합니다.

### 찬성 vs 반대

　확실히 요즘 사람들은 과거보다 다양한 정보를 더 많이 나누는 데 익숙해졌다. 뿐만 아니라 별 거리낌 없이 더욱 많은 사람들과 정보를 공유한다. (…) 지난 오륙 년 동안 블로그 활동이 유행처럼 번졌고 참으로 다양한 서비스들이 생겨나 정보를 공유할 수 있게 되었다.

　　　　　　　　　　　　　　　- 마크 주커버그 페이스북 창업자

　온라인에 올리는 개인 정보는 신뢰할 수 있는 사람들만 볼 수 있도록 제약해야 하지 않을까? 페이스북은 그럴 필요가 없다고 생각하는 것 같다. 하지만 세상에는 자기 정보를 아무나 보는 걸 원치 않는 사람들이 분명히 존재한다. 가령 최근에 좋지 않았던 관계를 정리한 사람, 비주류 종교인, 성적 소수자, 일자리를 잃게 될까 봐 걱정하는 사람, 주변에서 따돌림을 당해 온 사람들의 처지도 고려할 필요가 있다.

　　　　　　　　　- 마셜 커크패트릭 리드라이트웹(ReadWriteWeb) 소유주

### 알아두기

　**전자태그**(RFID, Radio Frequency Identification)란 무선 라디오 전파를 수신하는 초소형 전자 칩을 이용해 원거리에서도 칩에 내장된 정보를 자동으로 주고받는 기술이다. 제품에 전자 칩을 붙이면 기업은 제품을 판매한 후로도 장기간 그 경로를 추적할 수 있다. 도서관에서는 책과 시디(CD)에 전자 칩을 붙여 자료 출납을 원활히 하는 데 이용한다. 심지어 살아 있는 애완견에도 전자 칩을 부착하여 잃어버릴 경우를 대비한다. 하지만 이런 위치 추적 기술은 사람들의 프라이버시가 침해되는 결과로도 이어질 수 있다.

기업은 고객이 신용카드로 상품을 구매할 때마다 해당 정보를 수집한다. 고객이 회원 카드를 사용하면 기업은 거래 내역을 수집해 고객 정보 데이터베이스를 구축할 수 있다.

　기업은 이렇게 확보한 자료로 소비자들의 구매 습관을 파악해 향후 더 좋은 서비스로 보답할 수 있다고 주장합니다. 사전에 수집한 정보를 토대로 소비자가 구매하고 싶어 하는 제품이나 서비스를 예측해 추천할 수 있다는 거예요.

　하지만 기업의 정보 수집 활동이 이미 도를 넘어섰으며 프라이버시를 침해한다고 우려하는 사람들도 적지 않습니다. 온라인으로 제품이나 서비스를 구입하면 미리 수신 거부를 하지 않는 한 자동으로 해당 기업의 이메일 발송 목록에 우리 주소가 추가되어 홍보 메일을 받게 된답니다.

한 청년이 온라인으로 포커 게임을 하고 있다. 일부 온라인 게임 사이트는 사용자에게 개인 정보를 요구한 뒤 이를 불법적으로 다른 기업에 팔아넘기기도 한다.

심지어 기업들은 이미 확보한 고객 정보를 다른 기업과 공유하기도 합니다. 그래서 난생처음 보는 기업으로부터 원하지 않는 광고 메일, 전화, 문자 메시지 등을 받게 되는 것이지요. 예컨대 우리가 주방을 새로 개조하고 나면 얼마 안 있어 또 다른 인테리어 서비스를 권유하는 전화나 홍보 메일을 받게 될 수도 있어요.

### 컴퓨터 원격 감시

개인 컴퓨터에 저장된 자료라고 해도 완벽하게 비밀이 보장되지는 않습니다. 가령 경찰의 수사 선상에 오른 **용의자**라면 프라이버시가 제대로 보호되기 어려워요. 경찰은 은밀하게 개인 컴퓨터에 접근해 저장

### 찬성 VS 반대

우리는 다음과 같은 목적으로 개인 정보를 수집한다. 고객의 재정 상태를 평가하여 금융 거래를 처리하고 고객이 관심을 둘 만한 상품 및 요청 사항 등을 수렴하여 전반적인 고객 지원 서비스를 제공하기 위해서다.
– 마크투마켓디베이트닷컴(MarktoMarketdebate.com)의 개인 정보 취급 방침

누군가 사진기를 들고 당신 뒤를 졸졸 따라다니며 쇼핑몰에서 당신이 구경하는 제품을 모조리 기록한다면 기분이 어떨까? 요즘 기업들은 인터넷에 돌아다니는 정보를 주인 허락 없이 수집해 돈벌이에 이용해도 된다고 여기는 것 같다. 이런 가치관이 놀라울 뿐이다.
– 베스 기븐스 개인정보권리센터 소장

---

장치에 있는 정보를 읽을 수 있습니다. 이런 기술을 원격 감시(remote searching)라고 합니다. 경찰은 사건의 성격에 따라 수사에서 원격 감시가 필요할 때도 있다고 주장합니다. 하지만 많은 인권 단체에서 이는 프라이버시 침해라며 반박하고 있지요. 생판 모르는 사람이 허락없이 내 집에 들어와 일기장을 읽는 행위나 다름없다는 것입니다.

### 인터넷 범죄와 프라이버시 침해

사람들이 신뢰할 만한 기관에서 개인 정보가 유출되는 때도 있습니다. 이런 경우는 대부분 과실에 의한 것입니다만, 나쁜 의도를 가진 사

람들이 고의적으로 개인 정보를 빼내 가는 경우도 많아요. 우리가 별 의심 없이 인터넷을 누비는 중에도 불순한 의도를 가진 사람들은 한쪽 구석에 숨어 호시탐탐 기회를 엿봅니다.

**피싱**(phishing)은 인터넷 사기꾼들이 즐겨 쓰는 속임수로 신용카드 비밀번호 등 특히 금융 정보를 빼내 갈 때 많이 이용됩니다. 흔히 쓰는 방법은 진짜 금융회사에서 보낸 것처럼 보이는 이메일을 쓰는 거예요. 고객의 계좌에 문제가 발생했으니 링크를 클릭해서 문제를 해결하라는 내용이지요. 하지만 링크를 타고 들어가면 위장 사이트로 이동하게 되고 거기에 고객이 속아 개인 정보를 입력하면, 사기꾼들은 원하는 정보를 손에 넣게 됩니다. 시장조사 업체인 가트너(Gartner)는 미국의 은행과 신용카드 업체들이 피싱에 따른 금융 사기로 입는 피해가 한 해 28억 달러(약 3조 원)에 이른다고 추정했습니다.

### 신분 도용 범죄

인터넷 범죄자들이 개인의 이름, 주소, 생년월일, 본인 확인 질문, 주민등록번호와 같은 중요 정보를 알아냈을 경우 가장 심각하게 우려되는 건 **신분 도용**입니다. 피해자의 이름으로 은행 계좌를 개설하고 제품이나 서비스를 구매하는 것이지요. 막대한 대금은 당연히 피해자 앞으로 청구됩니다. 참고로 신분 도용은 꼭 온라인 환경에서만 일어나는 것은 아니에요. 무심코 쓰레기통에 버린 은행 고지서 등 종이 우편물을 통해서도 범죄자들은 개인 정보를 수집할 수 있답니다.

▎ 훔친 여권에서 사진만 바꾸면 다른 사람의 신분을 도용하는 범죄를 저지를 수 있다.

### 알아두기

유럽은 기업이나 공공 기관이 개인 정보를 부당하게 이용하지 못하도록 관련 지침을 마련했다. **유럽 개인정보보호지침**(EU Data Protection Directive)은 개인 정보를 수집할 때 반드시 구체적이고 적법한 이유가 있을 것을 요구한다. 또 그 내용에 오류가 없어야 하고 수집된 정보는 안전하게 보관되어야 한다. 시민은 어떤 개인 정보가 수집됐는지 열람할 수 있으며 만약 잘못된 사실이 있다면 정정을 요구할 권리가 있다. 하지만 모든 기업과 공공 기관이 이 지침을 준수하는지 감독하기가 현실적으로 쉽지 않다.

**사례탐구** 신분 도용의 피해

케이티는 컴퓨터 **방화벽**을 갱신하지 않은 실수로 자신이 신분 도용의 피해자가 되리라고 상상도 하지 못했다. 그런데 한 **해커**가 케이티의 친구 한 명에게서 주소록을 빼내 거기에 있는 모든 사람들에게 가짜 이메일을 보냈다. 케이티는 친구로부터 이메일을 받고 아무런 의심 없이 첨부된 링크를 열어 봤다. 이렇게 해서 해커는 은밀히 개인 정보를 빼내는 **악성 코드**를 케이티의 컴퓨터에 설치할 수 있었다.

케이티는 온라인 뱅킹 정보, 비밀번호, 국민보험번호(National Insurance number)를 모두 개인 컴퓨터에 저장해 두고 있었다. 해커는 케이티의 정보를 훔쳐 내는 데 성공했고 그녀의 이름으로 신용카드를 개설해 도박 사이트에서 이용했다. 대금 청구서가 도착한 뒤에야 케이티는 무슨 일이 벌어졌는지 알게 되었다. 곧바로 신용카드 회사에 연락해 상황을 설명하고 피해 사실을 경찰에 신고했다. 케이티는 나중에 친구와 이야기하면서 자신의 컴퓨터가 공격당한 사실을 깨닫고 전문가를 불러 악성 코드를 삭제하고 방화벽을 설치했다. 케이티는 프라이버시를 침범당한 데 따른 불쾌하고 무력한 느낌을 지울 수 없었다.

온라인 사이트에서 제품을 구매하려면 대개 신용카드 정보를 입력해야 한다. 만일 이 사이트가 위장된 것이라면 해당 정보는 해커의 손으로 들어가게 된다.

### 간추려 보기

- 인터넷상에서 정보를 공유하는 데에는 여러 가지 이점이 있다. 하지만 한번 올라간 정보가 어떻게 쓰이는지 제대로 통제하기란 현실적으로 불가능하다.
- 인터넷 범죄자들은 개인 정보를 훔치고 프라이버시를 침해할 수 있다.

# 3
CHAPTER

## 학교에서의 프라이버시 침해

21세기가 시작되고 첫 10년 동안 유럽, 호주, 미국의 학교들을 중심으로 CCTV와 생체 인식 시스템이 도입되는 등 학교에서의 감시 활동이 부쩍 강화됐습니다.

**21**세기가 시작되고 첫 10년 동안 유럽, 호주, 미국의 학교들을 중심으로 CCTV와 생체 인식 시스템이 도입되는 등 학교에서의 감시 활동이 부쩍 강화됐습니다. 교직원과 학생의 안전을 위한 조치이지만 동시에 이는 안전에 대한 그릇된 시각을 심어 줄 수도 있습

영국 레이턴 시에 소재한 래머스 학교. 경찰이 금속 탐지기를 이용해 학생들이 무기를 소지했는지 확인하고 있다.

니다. 감시 시스템이 만병통치약은 아닌데다가 학생과 교사의 프라이버시가 침해될 수도 있기 때문이지요. 요즘 청소년들은 SNS를 많이 이용하는데 이 때문에 친구나 교사의 프라이버시가 침해되는 경우도 있답니다.

### CCTV와 학교 감시

학생들은 여러 안전상의 이유로 감시를 당합니다. 일부 감시 활동은 교직원이 직접 수행합니다. 학생의 사물함이나 휴대전화를 조사하고

요즘 공공장소 곳곳에는 으레 CCTV가 설치되어 있다. 하지만 학교에 감시 카메라가 설치되기 시작한 것은 비교적 최근의 일이다.

약물을 소지했는지 검사하는 경우가 그렇습니다. 칼 같은 흉기를 소지한 학생을 적발하기 위해 금속 탐지기가 동원되기도 하지요.

CCTV 같은 보안 기술도 날로 발전하고 있습니다. 교실이나 운동장은 물론 심지어 화장실 안에도 감시 카메라가 달려 있어요. 일부 교육

---

**사례탐구** CCTV를 이용한 교내 보안 시스템

호주의 파라마타 시에 있는 아서 필립 고등학교는 교육 과정에 적극적으로 정보 기술을 활용하고 있다. 교내 전역에 무선 네트워크 망이 깔려 있어 교실에서 노트북을 이용하는 학생들이 많다. 또 학교는 교내 안전 문제를 염려해 기존 시스템을 개선한 새로운 보안 시스템을 도입했다.

새 시스템에서 교내의 모든 출입문은 자동으로 제어된다. 수업 종료를 알리는 학교 종이 울리면 자동으로 문이 열려 학생들이 나갈 수 있다. 반대로 수업 시작 종이 울리면 자동으로 문이 닫힌다. 복도, 운동장, 주차장을 비롯해 학교 곳곳을 감시하는 CCTV 카메라는 고화질의 영상을 제공한다. 교무실에는 대형 엘시디(LCD) 모니터가 설치된 영상 관제 센터가 있다. 교직원들은 교내를 이동하는 중에도 아이폰이나 아이패드로 영상 관제 센터에 접속할 수 있다.

보안 시스템을 지지하는 사람들은 학교에서 발생할 수 있는 분쟁에 대비하려면 학생 감시가 필요하다고 말한다. 가령 교내에서 사고가 발생하면 교사들이 녹화된 영상을 보고 상황을 정확하게 파악할 수 있다는 것이다. 하지만 반대론자들은 학생의 일거수일투족을 감시하는 건 학교를 감옥과 다를 바 없이 만드는 비교육적인 행위라고 주장한다. 심각한 문제를 안고 있는 학교라면 몰라도 그 외에는 이 같은 고강도 감시가 적절하지 않다는 것이다.

전문가들은 감시 카메라 덕분에 집단 괴롭힘 같은 학교 폭력이나 교실 내 비행(非行)이 줄었다고 주장합니다. 감시 카메라에 찍힌다는 사실을 알기 때문에 결석률과 흡연율도 감소했다고 강조합니다. 더구나 CCTV는 외부인의 교내 무단 침입을 방지하는 데에도 유용하답니다.

하지만 일각에서는 CCTV 설치 비용이 지나치게 비싸고 또 이런 설비가 학생들의 탈선을 예방한다는 구체적인 증거가 없다며 비판합니다. 더욱이 감시 카메라는 학생과 교사의 프라이버시를 침해하고 있지요. 항상 감시당한다는 생각에 학교에서 사적인 대화를 나누는 풍경도 퍽 줄었습니다. 상시적인 감시 체계 속에서 서로를 불신하는 풍조가 생겨난 것이지요.

### 생체 인식 시스템의 도입

지문이나 홍채를 이용한 새로운 **생체 인식** 시스템을 도입하는 학교들이 늘고 있습니다. 교내 컴퓨터나 식당을 이용할 때 이런 신원 확인 시스템을 쓰는 것이지요. 스웨덴의 스톡홀름 시에서는 학교에 입학하는 여섯 살 아이들의 지문을 채취합니다. 이후 학생들은 학교 전산망에 접속할 때 미리 등록한 자신의 지문을 이용합니다. 사용자 이름과 비밀번호를 따로 외우지 않아도 되어서 매우 편리하지요. 미국 뉴저지 주에서도 많은 학교가 **홍채 인식** 시스템을 도입했습니다. 시스템 도입에 찬성하는 사람들은 신원 확인 용도로 홍채 기술이 매우 신뢰할 만하다고 주장합니다.

하지만 몇몇 시민 단체와 학부모 단체들은 과도한 프라이버시 침해

**지문 인식** 스캐너. 스캔(scan)한 지문은 데이터베이스에 저장돼 다른 지문과 대조할 때 사용된다.

라며 이에 반대합니다. 1998년에 제정된 영국 인권법(Human Rights Act)은 개인의 프라이버시를 불가피하게 침해할 땐 그에 상응하는 위협이 있음을 입증해야 하다고 규정하고 있습니다. 학생들이 비밀번호를 잊어버리거나 도서관 카드를 분실하는 게 그렇게 위험한 상황일까요?

반대론자들의 걱정은 생체 정보 수집에만 머무르지 않습니다. 이미 수집된 개인 정보에 접근할 수 있는 사람의 범위는 어떻게 정할지 그리고 정보를 얼마나 안전하게 또 얼마나 오랫동안 보관할지도 문젯거리입니다. 사실 교직원들은 최첨단 보안 시스템이나 생체 정보를 다루는 전문가가 아니므로 학생들의 개인 정보가 안전하게 관리된다는 보장이 없답니다. 최악의 경우 나쁜 의도를 가진 사람들에게 **해킹**(hacking)당할 수도 있지 않을까요?

### 생체 인식 시스템에 대한 운영 규정 마련

학생들의 개인 정보 사용을 규제하는 규정은 기존에도 많이 수립돼 있습니다. 그렇다면 생체 정보와 같이 비교적 최근에 도입된 신기술에도 관련 규정을 적용할 수 있을까요? 가령 학교에서는 홍보 목적이나

학교 신문을 보면 교내 운동 경기에 참여한 학생들의 사진이 종종 실린다. 인터넷에 올라가는 디지털 이미지는 종이 신문에 실릴 때보다 통제하기가 훨씬 더 어렵다.

신문에 게재할 목적으로 재학생들의 사진을 촬영하곤 합니다. 이렇게 촬영된 사진에 대해서는 명확한 사용 지침이 마련돼 있으며 학교가 사진을 쓰려면 당연히 해당 학부모의 승낙을 받아야만 하지요.

지문이나 홍채 정보를 이용하는 문제에 대해서도 엄격하게 운영 지침을 마련한다면 학생들의 개인 정보를 보호할 수 있습니다. 가령 학생 등 미성년자의 생체 정보를 수집 저장할 때는 법적 보호자의 서면 동의를 의무화하는 방법 등을 생각해 볼 수 있습니다.

### 찬성 vs 반대

교직원, 학생, 학부모의 홍채 정보를 모두 스캔한 뒤 검사해 보니 생체 인식 정확도가 78%에 불과했다. 주로 외부에 조명이 있거나, 카메라가 잘못 작동하거나, 사용자가 제자리에 서 있지 않은 경우 인식에 실패했다. 홍채 인식 장비가 제대로 작동하지 않는다면 되레 안전에 위협이 될 수도 있다. (…) 생체 인식 기술을 학부모들이 꽤 든든하게 여기지만 이런 기술이 실제 안전을 보장해 주지는 않는다.

— **로스오브프라이버시**(Loss of Privacy) 프라이버시와 시민권 관련 웹 사이트

사람의 홍채는 생후 18개월 이후 완성되고 속눈썹, 눈꺼풀, 망막이 홍채를 보호한다. 홍채는 평생 변하지 않는 특성이 있어서 다른 생체 정보보다 높은 일관성을 유지한다. 홍채는 얼굴이나 지문보다 훨씬 더 고유한 형태를 가져 홍채를 이용한 신원 확인 시스템은 신뢰도가 무척 높다.

— **아이디테크**(IDteck) 보안 장비 업체

> **알아두기**
> 유럽의 학교에서는 지문으로 신원을 확인하는 방식이 점차 보편화되고 있다. 영국과 미국도 생체 인식 기술을 이용하는 데 앞장서고 있다.

### 사이버 집단 괴롭힘

청소년들은 자신도 모르게 다른 학생이나 교직원들의 프라이버시를 침해할 수 있습니다. **유튜브**(YouTube) 같은 개방된 온라인 공간에 친구나 교사의 사진이나 동영상을 올리는 행위가 문제될 수 있다는 말이에

> 약한 학생을 못살게 구는 집단 괴롭힘이 어제오늘의 일은 아니다. 하지만 요즘은 인터넷이나 휴대전화를 이용해 피해 학생이 집에 있을 때에도 계속해서 괴롭히는데, 이를 사이버 괴롭힘이라고 한다.

학교 폭력 추방 운동을 하는 시민 단체가 학교를 방문해 학생들에게 사이버 괴롭힘의 의미와 그런 행위가 피해자에게 어떤 영향을 미치는지 설명하고 있다.

요. 이미지의 형태가 아닌 다른 개인 정보도 마찬가지입니다. 인터넷과 휴대전화 덕분에 사람들은 당사자의 허락 없이 손쉽게 사진을 세상에 공개할 수 있게 되었지만, 그만큼 프라이버시 침해의 위험성도 커졌습니다.

일부러 다른 사람의 프라이버시를 침해하며 괴롭히는 학생들도 있습니다. 모욕적인 문자 메시지나 쪽지를 보내는 것에서부터 당사자가 수

**사례탐구** 조지아가 들려주는 이야기

　열세 살 조지아는 친구들 사이에서 인기가 좋은 여학생이었다. 하지만 한 남학생을 두고 다른 여학생과 사이가 틀어진 뒤로 친구들은 조지아에게 말도 걸지 않았다. 한때 친구였던 아이들이 조지아의 페이스북에 들어와 뚱뚱하고 못생겼다며 끔직한 댓글을 달기 시작했다. 심지어 조지아에게 신체적 위협까지 가했다. 명랑했던 조지아는 우울하고 소극적인 아이로 변했다.
　방과 후 조지아는 곧장 집으로 들어가 자기 방에 틀어박혀 지냈고 걸려 오는 전화도 받지 않았다. 걱정이 된 어머니가 학교에 이 사실을 알렸지만 사이버 괴롭힘은 멈출 줄을 몰랐다. 조지아는 너무 비참했고 자살을 생각할 만큼 스스로를 가치 없는 존재로 느끼기 시작했다. 조지아의 어머니는 다시 학교를 찾아가 호소했다. 이번에는 조지아뿐만 아니라 가해 학생들도 상담을 받으라는 조치가 내려졌다. 여름방학이 지나고 다음 학기가 시작되자 친구들은 더는 조지아를 괴롭히지 않았다.
　몇 달 뒤 학교 폭력 추방에 앞장서는 비트불링(Beatbullying)이라는 시민 단체가 학교를 방문했다. 조지아는 그날 바로 이 단체에서 운영하는 사이버멘토(cybermentor) 교육을 받기로 자원했다. 사이버멘토는 사이버 괴롭힘으로 고통받는 학생을 돕는 역할을 한다. 프라이버시 침해의 끔찍한 고통에서 벗어날 수 있도록 다른 학생들을 도우며 조지아도 차츰 자신감을 회복했다.

치스러워 할 만한 사진을 인터넷에 올리는 것까지 방법은 다양합니다. 심지어 특정인을 괴롭힐 목적으로 웹 사이트를 만들기도 하지요. 이런 행위를 **사이버 집단 괴롭힘**(cyberbullying)이라고 부릅니다. 유해한 메시지와 이미지는 인터넷상에서 순식간에 퍼져 나가 가해자가 훗날 잘못을 깨닫는다고 해도 되돌리기가 쉽지 않아요. 또 가해자는 가짜 이름을 쓰면서 이메일 주소 뒤에 숨어 있기 때문에 신원을 확인하기도 어렵지요.

근래 들어 교육 당국도 이런 문제를 인식하고 학생들을 대상으로 인터넷 윤리 교육을 강화하고 있습니다. 이 교육을 통해 프라이버시 침해가 발생하면 가해자의 **인터넷 주소**(IP)를 역추적해 최초 발신지를 찾아낸다는 점과 규정을 어긴 학생들은 처벌을 받는다는 점을 명확하게 인지시킬 수 있습니다.

### 간추려 보기

- 최신 기술을 이용한 교내 감시 활동이 대폭 늘어났다. 찬성하는 쪽에서는 보안이 강화되었다고 주장하지만 반대하는 쪽에서는 늘 효과가 있는 것도 아니고 안전을 보장해 주는 것도 아니라며 반박한다.
- 학교 현장에 생체 인식 시스템이 도입되자 프라이버시 침해 가능성을 놓고 논쟁이 벌어지고 있다.
- 사이버 집단 괴롭힘을 비롯해 알게 모르게 다른 사람의 프라이버시를 침해하는 학생들이 늘고 있다.

## CHAPTER 4

# 직장에서의 프라이버시 침해

고용주는 여러 기술을 이용해 직원들의 근무 태도를 감시합니다. CCTV로 사무실을 지켜보고 직원들의 통화 내용을 감청하지요. 또 직원들의 컴퓨터 화면과 인터넷 사용 실태를 주시합니다. 컴퓨터 자판의 입력 횟수를 계산하는 소프트웨어를 설치해 업무 성과를 감독하기도 한답니다.

직장 감시는 대개 회사 보안 차원에서 이뤄집니다. 하지만 직원들의 근무 태도를 확인하려는 목적에서도 감시를 하지요. 고용주들은 직장 내 감시가 반드시 필요하다는 입장인 반면 직원들은 프라이버시 침해로 근로 의욕만 감소될 뿐이라고 반박합니다.

▎직장 감시에는 사무실과 복도는 물론 주차장 등 실외 지역도 포함된다.

### 보안 목적의 감시

기업체에서 병원, 시의회 같은 공공장소에 이르기까지 보안 요원이나 CCTV 등이 배치되지 않은 곳이 없습니다. 직원과 방문객의 안전을 보장하고 도난을 방지하려는 목적에서입니다.

### 직원들의 근무 태도 감시

고용주는 여러 기술을 이용해 직원들의 근무 태도를 감시합니다. CCTV로 사무실을 지켜보고 직원들의 통화 내용을 감청하지요. 또 직원들의 컴퓨터 화면과 인터넷 사용 실태를 주시합니다. 컴퓨터 자판의 입력 횟수를 계산하는 소프트웨어를 설치해 업무 성과를 감독하기도 한

2003년 런던에서 발생한 두 건의 살인 사건 용의자가 병원 CCTV에 찍혔다.

### 알아두기

정보 통신 기술을 이용해 직장 내부를 감시하는 일이 보편화되었다. 2007년 영국의 한 통계 조사에 따르면 직장인 중 52%가 컴퓨터 시스템으로 자신의 일과가 기록된다고 답했다. 2008년 미국 경영협회 조사에 따르면 조사 대상 기업 중 과반수가 이메일이나 인터넷을 부적절하게 이용했다는 이유로 직원을 해고한 적이 있었다.

답니다. 업무 과정을 영상으로 기록해 보존하는 기업도 있습니다. 바람직한 근무 태도를 유도하고 혹시 있을지 모르는 분쟁에 대비해 증거를 확보하기 위해서입니다.

> **사례탐구** 페이스북에 올린 글 때문에 해고된 사람
>
> 영국에서 열여섯 살 난 여직원이 업무가 따분하다는 내용의 글을 페이스북에 올렸다는 이유로 해고됐다. 근무한 지 채 3주를 넘지 않은 때였다. 킴벌리는 상사에게 불려 갔는데 그 자리에는 함께 일하는 동료 한 사람도 앉아 있었다. 상사는 편지 한 장을 킴벌리에게 건네며, 페이스북에 올린 글을 읽어 보았는데 회사 험담을 공개적으로 하면 안 된다고 말했다. 킴벌리는 그 자리에서 해고되었다.
>
> 회사가 보기에 킴벌리는 애사심도 없고 회사 생활에 만족하지도 못하는 사원이었다. 업무가 따분해 이직할 가능성이 많은 사원이라면 굳이 그 사람을 교육시키느라 돈과 시간을 투자할 이유가 없다는 게 회사 측 입장이다.
>
> 하지만 킴벌리의 의견은 다르다. 친구들과 어울리느라 페이스북을 이용했고 그 과정에서 친구들에게 자기 생각을 말했을 뿐이라는 것이다. 게다가 문제가 된 말도 사소하게 나눈 잡담일 뿐이었고 깊은 뜻은 없었다는 설명이다. 킴벌리의 실수라면 새로 알게 된 회사 동료들을 자신의 페이스북 친구로 초대했다는 것이다. 그렇게 초대된 직원들 중 누군가가 킴벌리의 글을 읽고 상사에게 사실을 알린 것이다.
>
> 이 일화는 직원에 대한 기업의 감시 활동이 잘 드러난 사례라고 할 수 있다. 이제 직원들은 회사 안팎에서 자기 업무에 대해 이야기할 때 더 신중해야 한다. 특히 인터넷에서 민감한 이야기를 나누는 것은 친구 외에 다른 사람도 볼 수 있으므로 더더욱 조심할 필요가 있다.

▌ 수많은 기업에서 직원들의 일거수일투족을 감시하고 있다.

### 직장 내 감시의 이점

감시 장비를 설치하면 보안 요원만 고용했을 때보다 훨씬 효율적으로 회사의 자산과 인력을 보호할 수 있습니다. 가령 법적 분쟁이 발생했을 때 증거 자료로 이용할 수 있지요. 일례로 2004년 호주의 노사관계위원회는 사업장 감시 자료를 증거로 채택해 여자 직원에게 음란 메일을 보낸 한 남자 직원의 해고가 정당하다고 판결한 바 있습니다.

또 직원들이 자기 일에 충실한지 감시함으로써 업무 성과를 높이는 효과가 있습니다. 근무 시간에 사적인 메일이나 통화를 한다거나 사무용품을 집으로 가져가는 것 같은 부적절한 행위를 추적할 수 있어요. 컴퓨터로 온라인 채팅이나 게임을 하거나 음악을 내려받는 경우도 그렇습니다. 만약 직원들의 컴퓨터 화면을 감시할 수 있다면 근무 태만을 방지하고 업무에 집중하는 환경을 조성할 수 있을 것입니다.

### 직장 내 감시의 폐해

직장 감시가 가져다주는 여러 이점에도 불구하고 직원들을 감시하는 행위는 여전히 논란의 대상입니다. 학교 감시와 마찬가지로 직장 감시

**찬성 VS 반대**

감시 카메라를 눈에 잘 띄는 곳에 설치하면 회사 기물을 훼손하거나 파괴하는 행위를 방지할 수 있다. 회사 측은 기물을 파괴한 사람을 촬영한 증거가 있으니 차후에 배상받을 가능성도 높아진다. 보안 요원을 두고 영상을 감시하는 경우라면 회사 자산을 훼손하는 사람을 발견하는 즉시 붙잡을 수도 있다.

― 모린 멀론 이하우(eHow) 기고자

정보 통신 기술을 이용한 감시 장비가 회사에 도입되면서 직장인들의 업무 스트레스가 급증하는 현상이 나타났다. 피로감, 업무와 관련한 걱정과 불안 등이 모두 이에 해당한다. (…) 정보 통신 기기로 업무를 지속적으로 감시할 경우 스트레스를 가장 많이 받는 계층은 관리직 등 화이트칼라 노동자들이다. 이들의 경우 업무 스트레스가 다른 업종보다 10% 가량 더 높게 나타났다. 콜센터 직원이나 컴퓨터 데이터베이스 작성에 필요한 서류 작업을 하는 사람들에게서도 업무 스트레스 지수가 높게 나타났다.

― 《시장, 계급, 고용》 패트릭 맥거번 외 4인 공저

역시 프라이버시를 침해할 가능성이 많아요. CCTV 효과에 대해서도 이견이 분분하지요(39~40쪽 참조). 전자 장비는 고장이 나거나 오작동의 위험도 있어 이런 기기를 지나치게 신뢰하는 건 문제가 될 수 있어요.

직장 감시로 스트레스가 생기고 노동 의욕이 떨어지고 고용주에 대한 불만이 커진다고 주장하는 직원들이 많습니다. 노사 간에 팽팽한 긴장감이 감돌고 의심이 싹트면 신뢰 구축에 악영향을 미칠 수 있어요. 이렇게 되면 근무 분위기가 경직되고 결국 회사의 생산성도 떨어지게 됩니다.

심지어 어떤 기업은 마음에 들지 않는 직원을 해고하려는 목적에서

콜센터 직원은 상시적으로 감시에 노출되어 있다. 콜센터 업무의 특성상 회사 측에는 직원들의 통화 내용을 듣고 직원들이 적정한 절차에 따르는지 검사할 권한이 있다.

감시를 이용합니다. 한 예로 호주 뉴사우스웨일스 주에 있는 시민자유위원회가 2004년 발간한 보고서에 따르면 노동자에게 불리한 증거를 찾으려고 사설 탐정을 고용해 직원을 감시한 기업도 있었지요. 또한 샤워실과 화장실 같은 사적인 공간에 직원들도 모르게 감시 카메라를 설치하는 기업도 있는데, 이 역시 명백히 법을 위반한 행위랍니다.

### 알아두기

고용주가 직원을 감시하는 행위는 법률로 한계가 정해져 있다. 예컨대 미국에서는 보이는 곳에 설치하든 보이지 않는 곳에 설치하든 공공장소에만 감시 카메라를 둘 수 있다. 화장실처럼 사생활을 존중받아야 하는 곳에서 직원을 촬영하는 것은 불법이다. 고용주는 업무 목적으로 직원의 이메일과 전화 통화를 감시할 수 있지만 이 또한 회사 소유의 장비를 이용하는 경우만으로 한정된다.

### 간추려 보기

- 직장 감시는 고용주가 노동자를 감독하고 회사 자산 및 인력을 보호하는 데 도움이 된다.
- 직장 감시로 인해 노동자들의 스트레스가 증가하고 노사 간에 불신이 생길 수 있다.

# 5 CHAPTER

## 대중 매체의 프라이버시 침해

언론 보도와 프라이버시 자유를 모두 만족시킬 수 있는 법규를 만들기란 참 쉽지 않은 일입니다. 개인의 프라이버시를 보호받을 권리, 언론·출판의 자유, 대중의 알 권리가 서로 충돌할 때 그 사이에서 어떻게 균형을 잡아야 하는가를 두고 논란이 일고 있지요.

**언론인**들은 보도 대상자의 프라이버시와 대중의 알 권리 사이에서 딜레마에 빠지기 쉽습니다. 양자의 경중을 따져 신중하게 취재하고 보도하는 자세가 필요하지요. 하지만 바쁜 취재 현장에서 이런 고민은 종종 간과되곤 합니다.

멕시코의 신문 가판대에 걸린 신문과 잡지. 종종 1면에 선정적인 기사를 실어 구매욕을 자극하는 신문들이 있다.

### 프라이버시 보호와 대중 매체

유럽인권조약 8조(13쪽 참조)에 따르면 개인의 주변 동정을 보도하는 행위는 자칫 프라이버시 침해에 해당할 수 있습니다. 이를테면 일기장이나 의료 기록처럼 민감한 개인 정보는 대중에게 공개되어서는 안 되는 것입니다.

언론 매체 종사자들은 자신이 쓰는 기사가 공익을 위한 것인지 아니면 그저 프라이버시 침해에 불과한 것인지 끊임없이 따져 봐야 합니다. 그럼에도 질 높은 보도에 신경을 쓰기보단 그저 가십거리에 불과한 기사를 만드는 데 여념이 없는 기자들도 많아요. 선정적인 기사는 판매 부수를 늘리거나 시청률을 높이는 데 도움이 되기 때문이지요.

예를 하나 들어 볼까요? 스페인에서 열 살 난 소녀가 열세 살짜리 남자친구의 아이를 임신한 일이 있었습니다. 스페인 신문에서는 갓 태어난 아기의 사진만 게재했지만 영국 일간지 〈데일리 메일〉에서는 나이 어린 부모의 사진까지 모두 공개했습니다. 신문사 입장에서는 이런 이야기가 독자의 시선을 사로잡는 특종이었겠지요. 하지만 그 소녀가 살

---

**알아두기**

미국에서는 수정헌법 1조에 따라 언론·출판의 자유를 보장하고 정부의 언론 개입을 금지하고 있다. 하지만 언론의 취재 활동에 아무런 제약이 없는 것은 아니다. 프라이버시 침해와 허위 사실 유포는 법으로 금지돼 있다. 또 취재할 때 부정한 방법으로 정보를 얻지 못하도록 제한하고 있다.

던 스페인 남부 세비야 시 당국은 미성년자의 프라이버시를 침해했다는 이유로 해당 영국 신문사에 소송을 제기했어요. 이 사건은 독자의 **알 권리**를 보장하기 위한 정당한 보도였을까요? 아니면 단지 소녀의 프라이버시를 침해하고 고통을 준 것에 불과할까요?

**사례탐구** *제이미 벌저 살인 사건*

1993년 영국에서 존 버너블즈와 로버트 톰슨이라는 열 살 난 소년 두 명이 두 살배기 제이미 벌저를 납치하는 사건이 발생했다. 두 소년은 제이미에게 벽돌을 집어 던지고 쇠막대기로 때리는 등 잔혹하게 폭행했다. 이들은 결국 제이미를 때려 살해한 뒤 시신을 철로에 내다 버렸다.

나이 어린 이 비정한 살인자들은 곧 체포돼 열여덟 살까지 징역을 살다가 두 번째 삶의 기회를 얻었다. 가석방된 두 소년에게는 새로운 신분이 주어졌고 두 사람의 거주지를 공개하는 일은 프라이버시 보호 차원에서 금지되었다. 하지만 2010년 스물일곱 살이 된 존 버너블즈는 석방 조건을 위반해 다시 감옥에 갇히는 신세가 됐다. 이 사건을 두고 영국에서는 이들의 신상 정보를 공개했어야 한다는 주장과 살인자라 할지라도 프라이버시는 보호되어야 한다는 주장이 거세게 대립했다.

유괴범이 제이미 벌저를 데려가는 모습이 CCTV에 흐릿하게 잡혔다.

공인과 연예인은 파파라치(paparazzi)가 들이미는 카메라에 끊임없이 노출된다. 파파라치는 부자나 유명 인사의 사진을 찍어 언론사에 돈을 받고 파는 일을 전문으로 하는 사람이다. 파파라치는 개인의 프라이버시를 침해한다는 비난을 자주 받는다.

### 공인의 프라이버시 보호 문제

정치인, 연예인, 유명 운동선수들의 프라이버시 보호를 두고 논쟁이 뜨겁습니다. 한쪽에서는 이들도 보통 사람들처럼 프라이버시를 보호받을 권리가 있다고 주장합니다. 이들의 사생활과 직업은 크게 관련이 없다는 게 이유이지요. 하지만 다른 쪽에서는 대중이 공인의 사생활에 대해 알 권리가 있다고 생각합니다. 자신의 경력을 위해 대중 매체를 이용하는 만큼 당연히 대중의 감시를 받아들여야 한다는 것이죠.

영국 같은 입헌군주국의 경우 왕실의 프라이버시에 대해서도 논쟁이 뜨겁습니다. 시민들이 낸 세금으로 왕실이 유지되는 만큼 대중은 왕족의 사생활을 알 권리가 있다는 것이지요. 영국의 대중 매체들은 왕실의 사생활을 상세하게 보도하고 있으며 이런 보도가 공공의 이익에 부합한다고 믿습니다. 2007년에는 주간지 〈뉴스 오브 더 월드〉의 왕실 담당 기자가 왕실 인사의 휴대전화 음성 사서함을 불법 도청한 일로 구속된 적도 있었답니다.

금융 정보 공개를 두고도 논란이 뜨겁습니다. 우리가 낸 세금으로 급여를 지불하기 때문에 우리는 국회의원을 비롯하여 공무원들이 받는 소득 내역을 알고 있습니다. 이는 정당한 일일까요, 아니면 그들의 프라이버시를 침해하는 일일까요?

경우에 따라서는, 민간 기업에서 근무하는 사람들의 급여 정보도 공개 논란에 휩싸입니다. 좋은 예로 2008년 미국 정부는 재정난을 겪는 아홉 개 은행에 무려 1,750억 달러(약

2011년 1월 앤디 쿨슨이 영국 총리의 공보 책임자 자리를 사임하고 다우닝 10번가의 총리 공관을 떠나는 장면이다. 앞서 2007년에도 쿨슨은 왕실 불법 도청 사건에 연루돼 한 주간지의 편집장 자리를 내놓은 바 있다.

5. 대중 매체의 프라이버시 침해 | 65

> **사례탐구** 〈뉴스 오브 더 월드〉지의 휴대전화 불법 도청 사건
>
> 2007년 영국의 주간지 〈뉴스 오브 더 월드〉의 왕실 담당 기자 클리브 굿맨이 왕실 인사의 음성 사서함을 불법 도청한 사실이 밝혀져 감옥에 갔다. 정부나 경찰이 아닌 일반인이 다른 사람의 전화를 도청하는 것은 명백히 프라이버시 침해에 해당하는 불법 행위다. 당시 이 주간지의 편집장이었던 앤디 쿨슨은 '기자 개인이 한 일'이라면서도 사건의 책임을 지고 사임한 바 있다.
>
> 그로부터 두 해 뒤에 〈가디언〉지는 〈뉴스 오브 더 월드〉 기자들이 무려 3천 명에 달하는 스포츠 스타와 정치인 등 유명인들의 전화를 도청했다는 의혹을 제기했다. 경찰은 이 문제를 잠깐 조사했다가 수사를 덮었다. 하지만 2010년 〈뉴스 오브 더 월드〉지의 조직적 도청에 대한 혐의가 다시 불거지자 경찰은 본격적으로 수사에 들어갔다.
>
> 수사 결과 이 주간지는 취재 과정에서 불법 도청으로 특종 기사를 써 온 사실이 드러났다. 이 파문의 여파로 2011년 1월 영국 총리의 공보 책임자였던 앤디 쿨슨은 다시 한 번 자리를 내놓고 물러나야 했다. 이 사건으로 169년의 역사를 자랑하던 〈뉴스 오브 더 월드〉지 역시 자체 폐간했다.

188조 원)의 **공적 자금**을 지원한 바 있습니다. 그런데 같은 해 이들 은행은 보너스 명목으로 직원들에게 총 326억 달러(약 35조 원)를 지급했습니다. 국민의 세금으로 보너스 잔치를 벌인 셈이 되어서 여론의 비난이 거셌지요. 국민의 혈세가 들어갔다면 민간 기업이라 할지라도 정부와 언론의 감시 대상이 되어야 하지 않을까요?

언론 보도와 프라이버시 자유를 모두 만족시킬 수 있는 법규를 만들

기란 참 쉽지 않은 일입니다. 개인의 프라이버시를 보호받을 권리, 언론·출판의 자유, 대중의 알 권리가 서로 충돌할 때 그 사이에서 어떻게 균형을 잡아야 하는가를 두고 논란이 일고 있지요.

### 간추려 보기

- 언론인은 대중의 알 권리와 개인의 프라이버시 보호 사이에서 신중하게 경중을 따져야 한다.
- 공인의 프라이버시를 어디까지 보호해야 하는지를 놓고 격한 논쟁이 전개되고 있다.
- 동의 없이 타인의 휴대전화 음성 사서함에 접근하는 것은 프라이버시 침해다. 명백한 불법 도청이며 구속될 수도 있는 범법 행위다.

# 6
CHAPTER

## 범죄 예방을 위한 감시: CCTV와 프로파일링 수사

경찰은 붐비는 거리나 대형 쇼핑몰 등 인파가 밀집된 곳을 집중적으로 감시합니다. 범죄를 사전에 감지하고 예방하고자 곳곳에 CCTV를 늘려가고 있어요. 감시 카메라에 찍힌 영상은 범죄자의 신원을 파악하는 데 도움이 됩니다.

경찰은 범죄 예방을 위해 거리에 감시 장비를 설치하고 수상한 사람이 있나 살피곤 합니다. 특히 우범 지역이라고 평가된 곳에 CCTV를 설치해 사람들의 움직임을 면밀히 지켜보지요. 경찰의 이런 감시는 정당한 것일까요? 아니면 시민들의 프라이버시를 부당하게 침해하는 것일까요?

### 늘어나는 길거리 CCTV

경찰은 붐비는 거리나 대형 쇼핑몰 등 인파가 밀집된 곳을 집중적으로 감시합니다. 범죄를 사전에 감지하고 예방하고자 곳곳에 CCTV를 늘려가고 있어요. 감시 카메라에 찍힌 영상은 범죄자의 신원을 파악하는 데 도움이 됩니다.

CCTV는 이제 서구 도시에서 흔히 볼 수 있는 풍경이 됐다. 영국은 세계에서 CCTV를 가장 많이 보유한 나라 중 하나다.

하지만 CCTV가 실제로 범죄를 예방하는지는 제대로 검증된 바가 없습니다. 감시 카메라가 설치된 뒤 안전해졌다고 평가하는 사람들도 있지만 프라이버시 침해를 걱정하는 사람들도 그만큼 늘었습니다. 감시 기술이 향상되어 선명한 녹화가 가능해졌기 때문이지요.

녹화 영상이 오용되는 사례도 보고되고 있습니다. 한 예로 남성 보안 요원들이 젊은 여성이 찍힌 영상을 확대해서 보고 즐기다가 적발된 일이 있습니다. 일부 CCTV는 사람들이 나누는 대화 내용을 녹음할 수 있고, 최신 CCTV 소프트웨어는 길에서 수상한 행동 패턴을 보이는 사람을 자동으로 감지할 수도 있어요. 오늘날 시민들은 단지 거리를 걷는 것만으로도 심각한 프라이버시 침해 위협에 노출돼 있습니다.

거리에서 피의자를 검문 중인 경찰. 경찰은 휴대용 조회기로 검문 대상의 신원을 조회해 범죄 관련 여부를 파악한다.

CCTV에 포착된 범죄 영상은 아주 중요한 수사 단서임에 분명합니다. 하지만 평소 무작위로 촬영당하는 대다수의 사람들은 그저 평범한 일상을 살아가는 시민들일 뿐입니다. 어쩌면 자신이 감시당한다는 사실조차 모르지 않을까요?

### 찬성 vs 반대

CCTV는 시민의 프라이버시 보호, **표현의 자유**, **집회의 자유** 등에 심각한 위협이 되고 있다. 따라서 감시 장비를 설치하고 운영하는 측에서는 공공장소를 감시하는 행위가 사회에 미치는 위험성에 대해 정확히 인지하고 있어야 한다. 그리고 CCTV를 이용한 감시라 할지라도 인간의 기본권을 해치는 일이 없도록 항시 경계해야 한다.

– 벤저민 굴드 캐나다 브리티시컬럼비아대학교 법학과 교수

CCTV 영상 덕분에 피의자들이 범죄 사실을 부인하기 어려워졌고 그만큼 경찰과 법원은 시간을 절약할 수 있게 되었다. 지난 한 달 동안 경찰들을 대상으로 한 설문에서 응답자의 49%가 범인이 유죄를 시인하게 하는 데 CCTV의 도움을 받았다고 답했다. (…) 화면에 제대로 잡혔다면 피의자 중 열에 아홉은 순순히 위법 사실을 인정한다. (한 교통 순찰대 경사와의 인터뷰에서)

– 《CCTV에 대한 경찰의 입장과 사용 실태》 톰 레브슬리, 아만다 마틴 공저

### 경찰의 시위 동영상 촬영

근래 들어 시위 현장의 모습을 동영상으로 촬영하는 경찰들을 쉽게 찾아볼 수 있습니다. 시위대와 법적 문제가 발생할 경우 현장을 찍은 기록을 증거로 쓰기 위해서입니다. 하지만 경찰은 이렇게 찍은 영상 중 시위대가 경찰을 공격하는 장면만 따로 편집해서 법원에 제출해 비난을 사기도 합니다. 경찰이 시위대를 공격하는 경우도 분명 있는데 말이에요. 많은 인권 단체에서는 현장에 있는 시민들을 허락 없이 촬영하는 것도 문제지만 영상을 편집해서 사실을 호도하는 건 더욱 심각한 기만 행위라며 비판합니다.

### 프로파일링 수사

경찰은 범죄나 테러 예방을 위해 위험도가 높다고 판단되는 사람들을 집중 감시합니다. 이를 지능 수사(intelligent policing)의 일종인 프로파일링(profiling) 기법이라고 하지요. 프로파일링은 범죄 사건의 정황이나 단서를 분석하여 용의자의 성격, 행동 유형, 신원 등을 추론하여 수사 방향을 설정하고 용의자의 범위를 줄이는 수사 기법입니다. 가령 마약 수사를 할 때 약물 남용 정도가 심한 지역에 사는 사람들을 집중 감시하는 것도 일종의 프로파일링 수사입니다. 그 지역의 마약 중개상으로 의심되는 인물을 주시하다가 거래 현장이 포착되면 체포하는 것이지요.

▎외국인 출입국 감시 프로그램의 일환으로, 미국의 한 출입국 심사관이 여행객의 지문 정보를 수집하고 있다.

## 여행객과 모슬렘에 대한 프로파일링

미국의 9.11 테러 이후 서방 국가들은 해외 여행객들을 대상으로 프로파일링 감시를 한층 더 강화했습니다. **테러범**들이 사전에 테러 목표 지역을 답사할 가능성이 높기 때문이지요. 가령 미국은 외국인 출입국 감시 프로그램(US-VISIT system)을 도입했습니다. 이 프로그램하에서 출입국 심사관들은 미국을 방문하는 모든 사람의 사진과 지문을 디지털 정보로 만들어 저장합니다. 이로써 미국은 방문객들의 신원을 정확히 식별하여 그들이 미국에 위협이 되는 존재인지 여부를 가늠할 수 있게 되었답니다.

또 서방 국가 경찰들은 모슬렘 거주 지역과 그들의 사원, 단체 등을

**사례탐구** 감시받는 모슬렘들

2007년 영국 경찰은 런던에서 폭발물 두 개를 수거했다. 이후 버밍엄 시에서 경찰은 테러 용의자들을 감시하기 위해 시내 모슬렘 거주 지역 곳곳에 은밀하게 CCTV를 설치했다. 그곳 주민들과는 한마디 상의도 하지 않은 채 이뤄진 일이었다.

감시 카메라를 설치한 사실이 알려지자 잠재적 테러 집단으로 취급받았다고 느낀 그 지역 모슬렘들이 격분했다. 경찰은 CCTV가 아직 본격적인 가동에 들어가기 전이라며 해명했지만 여론의 반발은 수그러들지 않았고, 2010년 결국 카메라를 철거하기로 결정했다.

하지만 이후 경찰은 해당 지역에서 수색 작전을 벌여 다수의 테러 용의자들을 체포했다. 일각에서는 CCTV 감시를 탐탁지 않아 하는 사람들의 자유보다 미래에 발생 가능한 테러에 희생될 시민들의 자유가 더 중요하다고 주장한다.

워시우드 히스, 스파브룩 등 모슬렘 거주 지역에 설치된 CCTV. 나무 위처럼 눈에 잘 띄지 않는 위치에 주로 설치됐다.

집중 감시하고 있습니다. 과거 일부 모슬렘 극단주의자들의 테러가 있었기 때문이지요. 하지만 수많은 인권 단체에서는 감시 대상 중 대다수는 법을 준수하는 선량한 시민들인데도 출신 국가나 종교를 이유로 잠재적 범죄 집단인 양 취급받고 있다며 비판합니다. 잠재적 범죄자 취급을 받는 건 앞서 말한 여행객들의 처지도 별로 다르지 않아요. 인권 운동가들은 이러한 감시가 테러 방지 목적을 넘어서는 과도한 프라이버시 침해라고 단언합니다.

### 가택 수색

경찰이나 정부 기관이 시민의 집이나 직장을 **압수** 수색하는 경우가 있습니다. 사실 길거리 검문도 광의의 **수색**에 해당합니다. 이들에게 우리의 신변을 조사하거나 집을 수색하도록 허용해야 할까요?

유럽인권조약 8조(13쪽 참조)에 따르면 인간이라면 누구나 주거 공간에서 프라이버시를 보호받을 권리가 있습니다. 법에 의하지 않은 감시나 가택 침입을 받지 않을 권리와 가정 내에서 친척을 비롯한 가족들과 안정적으로 유대 관계를 맺을 권리가 있지요.

하지만 국가가 이런 권리에 제약을 가하는 때도 있습니다. 약간 다른 경우이지만 **사회복지** 제도가 그 좋은 예입니다. 국가는 양육 책임을 제대로 이행하지 않은 부모의 권리를 박탈하고 아동을 양육 시설에 맡길 수 있어요. 또한 경찰은 수사 목적으로 가택을 수색할 수도 있습니다.

문제는 국가의 이런 개입이 언제나 정당한지 여부입니다. 정부에 반대하는 세력, 이를테면 반전 운동가나 반핵 지식인에 대한 가택 수색은

스코틀랜드의 파슬레인 해군 기지 주변에서 핵 잠수함 개발에 반대하는 시위가 벌어졌다. 경찰은 이런 반정부 시위대를 면밀히 감시한다.

언제나 뜨거운 감자입니다. 사상과 표현의 자유가 보장되는 민주주의 사회에서 이를 허용해야 되는지를 두고 논란이 많습니다.

### 사례탐구  가택을 수색당하는 미국의 반전 운동가

2010년 9월 미국 연방수사국(FBI)은 전국적으로 반전 운동가들의 자택과 사무실을 급습했다. 이라크 전쟁 반대 시위를 조직하던 운동가들이 주요 목표가 됐다. 반전 운동가들이 중동과 남미의 테러 조직을 지원하고 있다는 증거를 찾으려면 가택 수색이 필요했다고 경찰은 주장했다.

경찰은 시카고에서 활동하던 스테파니 바이너와 조지프 아이오스베이커의 집에서 서른 상자 분량의 문서를 압수했다. 여기에는 아이오스베이커의 옛 여자 친구가 보낸 우편엽서도 들어 있었다. 경찰은 두 사람이 일반 시민에게 위협이 될 것으로 보이지 않아 구속 수사는 하지 않는다면서도 압수한 문서를 철저히 조사해 증거 가능 여부를 검토하겠다고 발표했다.

2010년 9월 매사추세츠 주 워터타운 시에서 반전 운동가의 자택을 급습한 FBI 요원. 압수한 서류를 상자에 담아 들고 나오는 중이다.

두 사람은 오랫동안 노동운동과 반전운동에 참여해 왔을 뿐이라며 테러 연계 혐의를 전면 부인했다. 그러면서 경찰의 이 같은 조치는 시민 운동가에게 겁을 줘, 준비 중인 반전 시위를 무력화하려는 의도가 있다고 주장했다. 미국에서 정부 정책에 반대하는 시위를 하는 것은 불법이 아니기 때문에 경찰이 개인 서류를 압수해 간 건 부당한 프라이버시 침해라고 두 사람은 지적했다.

### 간추려 보기

- CCTV로 공공장소를 감시하는 건 경찰의 주요 업무 중 하나다. 하지만 범죄 억제 효과에 대해서는 논란이 있다.
- CCTV 설치로 안전함을 느끼는 사람들도 있지만 프라이버시 침해를 우려하는 목소리 역시 크다.
- 서방 국가 경찰들은 테러를 막기 위해 해외 여행객과 모슬렘에 대한 프로파일링 감시를 강화하고 있다. 하지만 인권 단체에서는 이러한 감시 활동이 종교적 편견에 근거한 것이고 효과 또한 기대할 게 없다고 비판한다.
- 정부 요원에게는 법에 따라 시민의 가택을 수색할 권한이 주어진다. 하지만 어느 선까지 국가기관에 의한 프라이버시 침해가 용인되는지에 대해서는 논란이 있다.

# CHAPTER 7

## 범죄 예방을 위한 감시: 도청과 인터넷 감시, DNA 데이터 베이스 구축

시간이 흐를수록 경찰과 정보 당국의 감시 활동이 은밀해지고 있습니다. 전통적인 도·감청에서 시작해 근래 들어 활용되기 시작한 인터넷과 SNS 감시까지 은밀하게 활용할 수 있는 감시 기술은 많습니다. 범죄자들의 DNA 데이터베이스를 구축하는 일도 소리 소문 없는 감시 활동의 좋은 예입니다.

시간이 흐를수록 경찰과 정보 당국의 감시 활동이 은밀해지고 있습니다. 전통적인 도·감청에서 시작해 근래 들어 활용되기 시작한 인터넷과 SNS 감시까지 은밀하게 활용할 수 있는 감

> 2009년 스페인 경찰이 발렌시아에 있는 한 인터넷 카페를 압수 수색하고 있다. 이 조사에서 경찰은 서류 위조 혐의로 알 카에다 용의자 몇 명을 체포했다.

7. 범죄 예방을 위한 감시 : 도청과 인터넷 감시, DNA 데이터베이스 구축

시 기술은 많습니다. 범죄자들의 DNA 데이터베이스를 구축하는 일도 소리 소문 없는 감시 활동의 좋은 예입니다. 일부 공공 기관들은 보다 나은 공공서비스 제공을 위해 시민들의 개인 정보 데이터베이스를 공유하기도 합니다. 모두 시민들을 위한 일이라지만 어디서부터 어디까지를 프라이버시 침해라고 봐야 할까요?

### 인터넷 감시의 빛과 그림자

미국은 정보 통신 분야에서 가장 앞선 기술을 가진 나라입니다. 미국 정부는 인터넷 감시에 이용 가능한 모든 최신 기술과 방법을 동원하고 있습니다. 가령 미국의 정보 당국은 구글 같은 세계적인 인터넷 기업에 압력을 넣어 테러 용의자들의 활동을 추적할 수 있어요. 용의자들이 주고받는 이메일을 중간에서 확인하는 것쯤은 무척 쉬운 일이랍니다.

이렇게 해서 테러 관련 웹 사이트, 인종 증오 범죄를 조장하는 웹 사이트, 아동 포르노를 주고받는 **소아 성애자**들의 웹 사이트 같은 곳에 집중적인 온라인 감시가 따라붙고 있습니다. 이러한 감시 활동은 대다수 시민들의 지지를 받습니다.

하지만 이런 인터넷 감시는 정부 정책에 반대하는 시민 단체들을 향해서도 이뤄집니다. 법률이 정한 테두리 안에서 반(反)정부 운동을 하는 단체와 소수자 인권 운동을 하는 단체들도 똑같은 감시를 당하고 있어요. 경찰은 인터넷상에서 이들의 활동을 추적하며 경우에 따라선 무고한 이들을 유죄로 몰아붙이기도 합니다. 경찰의 이러한 감시가 민주주의 사회에서 허용될 수 있는 일일까요?

**사례탐구** 국제관계학과 학생이 체포되다

2008년 영국 노팅엄대학교에서 테러 문건을 소지했다는 혐의로 교직원과 학생이 체포되는 일이 발생했다. 이 대학 국제관계학과에서 석사 과정을 밟고 있던 리즈완 사비르는 미국 정부 웹 사이트에서 알 카에다 훈련 안내서를 내려받았다. 당시 사비르는 테러리즘을 주제로 한 석사 논문을 준비 중이었는데, 함께 체포된 직원에게 부탁해 문제의 알 카에다 훈련 안내서를 인쇄했던 것이다.

그런데 사정을 잘 모르는 다른 교직원이 컴퓨터 위에 놓인 수상한 문서를 발견하고 경찰에 신고했다. 영국 경찰은 사비르와 해당 교직원을 체포한 뒤 두 사람이 알 카에다의 조직원이라 여기고 학내를 수색했다. 경찰은 뚜렷한 혐의도 없는 두 사람을 감금한 지 6일이 지나서야 풀어 주었다.

노팅엄의 많은 학생과 교직원들은 컴퓨터 위에서 발견된 문서 하나에 경찰이 즉각 수사에 나섰다는 사실에 큰 충격을 받았다. 사비르의 지도 교수에게 전화 한 통만 했어도 그 학생이 왜 테러 관련 문서를 보고 있는지 금방 알아낼 수 있었을 터였다.

리즈완 사비르는 대(對)테러 정책을 중심으로 정부 정책에서 이슬람이 차지하고 있는 비중을 연구하는 과정에서 알 카에다 훈련 안내서를 자료로 이용했다.

과거 동독의 비밀경찰이 이용했던 도청기. 요즘 독일의 시민 단체들은 국가기관의 감시가 날로 확대되는 분위기를 우려하면서 사회가 마치 옛 동독 시절로 회귀하는 것 같다고 비판한다.

### 도청 기술

개인을 은밀히 감시할 때 가장 흔히 쓰이는 방법이 전화 **도청**입니다. 유선 전화는 물론 무선 휴대전화도 도청될 수 있어요. 경찰은 이동 통신사에 감시 대상자의 휴대전화 통화 기록과 위치 정보 내역을 요구할 수 있습니다. 휴대전화는 근처 기지국과 끊임없이 위치 확인 신호를 주고받기 때문에 사용자의 위치를 추적하기가 용이하지요. 경찰은 개인의 휴대전화 사용 내역을 분석해 그 사람의 최근 동정과 행적을 파악할 수 있습니다.

건물 내 도청도 많이 쓰이는 방법입니다. 조사 대상자의 집 안에 있는 물건, 가령 우승 트로피에 초소형 전자 도청기를 숨겨 놓는 것이지요. 도청기에는 내장 전원이 있고 기기에 따라 최장 10년까지 수명을 유지할 수 있답니다.

인터넷 감시와 마찬가지로 도청 또한 범죄의 징후가 아주 명백한 예외적인 상황에서만 실행되어야 합니다. 법에 의하지 않은 도청은 불법이며 설령 국가기관이라 할지라도 법의 심판을 피해 갈 수 없어요. 하지만 인권 단체들은 지금도 경찰 등 수사 기관이 필요 이상으로 도·감청을 **남용**하고 있다고 비판합니다. 이로 인해 시민의 자유가 심각하게 제약받고 있다고 주장하지요.

### 비밀 감시의 성과 : 간첩단 검거

근래 들어 좀처럼 보기 힘들었던 간첩 사건이 2010년에 일어났습니다. 미국 연방수사국이 러시아 간첩단을 적발한 것입니다. 체포된 러시

2010년 미국에서 체포된 열 명의 러시아 정보 요원들. 이들은 러시아에서 활동하다 구속된 네 명의 서방 국가 요원들과 맞교환되어 본국으로 돌아갔다.

아 정보 요원은 모두 열 명으로 지난 20여 년간 신분을 위장하고 미국에서 첩보 활동을 해 왔어요. 그간 러시아 요원들은 핵 과학자 한 명과 금융 전문가 한 명 그리고 몇몇 정계 인사들과 친분을 쌓아 왔지요. 하지만 이들이 기밀 정보를 러시아에 넘기는 데 성공한 것 같지는 않다고 수사국은 밝혔습니다. 이 사건을 통해서도 알 수 있지만, 눈에 띄지 않게 은밀히 진행될 뿐이지 국가 간 첩보와 감시 활동은 지금도 여전히 활발합니다.

> **알아두기**
> 미국에서는 테러, 살인, 첩보, 납치, 사기, 경제적 가치를 지닌 영업 비밀 침해 등의 범죄를 수사하는 과정에서 그 증거를 확보할 수 있을 경우에는 전화 통화나 컴퓨터 통신 내용을 도청하는 것이 합법이다.

### DNA 데이터베이스의 이점

범죄자들의 생체 정보를 확보하고 저장하는 일도 감시 활동의 중요한 일부분입니다. 영국을 비롯한 다수의 국가들이 범죄자의 DNA 정보를 경찰 데이터베이스에 저장하지요. 경찰은 유전자 감식 결과는 과학적으로 매우 신뢰할 만하며 이는 범죄 해결에 유용하다고 강력하게 주장합니다.

일부에서는 여기서 한 발 더 나아가 전 국민을 대상으로 DNA 데이

### 찬성 VS 반대

테러의 위협에 효과적으로 대처하려면 연방범죄수사청(BKA)이 좀 더 강력한 권한을 부여받을 필요가 있다. 연방범죄수사청이 테러 용의자를 수사하기 위해 감시 카메라를 설치하고 인터넷과 전화를 도청할 수 있게 하는 법적 권한이 필요하다. 독일의 안전을 튼튼하게 구축하기 위해 반드시 필요한 조치다.

― 볼프강 쇼이블레 독일 내무부 장관

우리가 무엇을 하고, 누구와 얘기하고 통화를 하는지, 어떤 단체에 소속되어 있는지, 어떤 것에 관심을 두는지 '빅 브라더'인 정부와 '리틀 브라더'인 기업이 발 빠르게 알아내고 있다. 이들의 감시 활동은 시민의 프라이버시를 침해하면서 우리 사회를 위협하고 있다. 누군가에게 늘 관찰당하고 감시당한다고 느끼는 현대인들은 스스로 움츠러들어 자신과 사회의 진보를 위해 과감하게 나서기를 주저하게 됐다. ('두려움이 아닌 자유를' 시위에서)

― 프라이하이츠레트너(Freiheitsredner, 자유의 소리) 독일 웹 사이트

터베이스를 만들어야 한다고 주장합니다. 인간이란 과거에 범죄를 저지른 적이 없다고 해도 어느 순간 일탈할 수 있는 불완전한 존재라는 것이지요. 어찌 보면 이런 논리는 범죄자들만을 대상으로 DNA 데이터베이스를 만드는 현재의 시스템보다 더 평등하다고 볼 수도 있을 겁니다.

영국에서는 범죄자들의 생체 정보를 수사용 DNA 데이터베이스에 입력한다. 스프레이 페인트로 벽에 그림을 그린 정도의 경범죄라도 예외는 아니다.

## DNA 데이터베이스의 한계

시민의 자유를 옹호하는 사람들은 모든 용의자가 아닌 이미 유죄 판결을 받은 범죄자의 DNA 정보만 경찰 데이터베이스에 저장해야 한다고 주장합니다. 무혐의로 풀려난 경우를 비롯해 결백한 사람들의 정보를 저장하면 안 된다는 것이지요.

특히 청소년의 DNA 샘플을 마구잡이로 보관하는 데 대해 우려의 목소리가 큽니다. 가령 2005년 영국에서는 경찰차에 눈뭉치를 던진 열세 살 소녀가 체포되어 DNA 샘플을 채취당한 일이 있었습니다. 당시 시민단체들은 경찰의 이러한 과잉 대응을 강력히 비판한 바 있어요.

경찰의 DNA 감식 결과를 신뢰하기 어렵다는 주장도 있습니다. 샘플

### 찬성 vs 반대

무고한 시민의 DNA 정보를 경찰이 보유해서는 안 된다. 이는 프라이버시 침해다. 기소나 유죄 판결을 받지 않은 사람의 정보를 DNA 데이터베이스에서 지운다고 해서 중범죄 사건을 해결하지 못할 이유는 없다.

— 휴 위톨 너필드 생명윤리위원회 이사

첫째, DNA 정보는 중범죄 해결에 무척 유용한 기술이다. 둘째, DNA 샘플 채취를 특정 집단에 한정한다면 그것이야말로 임의적 판단이며 공정하지도 정의롭지도 못한 처사다. 모든 국민의 DNA 정보를 입력한다면 모두가 동등한 대우를 받는 것이다. 전 국민이 협력해 극악무도한 범죄로부터 무고한 시민을 보호할 수 있다면 DNA 채취는 더는 부끄러운 게 아닌 명예로운 일이 될 것이다.

— 개빈 필립슨 더럼대학교 법학과 교수

### 알아두기

일란성 쌍둥이가 아닌 한 인간의 DNA 정보는 모두 다르다. 이는 범죄 현장에서 수거한 DNA 증거에 입각해 용의자를 수사 선상에서 제외하거나 포함할 수 있다는 뜻이다. 한 범죄 현장에서 나온 DNA 증거를 다른 현장에서 나온 DNA 증거와 비교해 동일한 용의자의 범행인지도 파악할 수 있다.

경찰이 휴대용 스캐너로 운전자의 지문을 채취하고 있다.

이 제대로 보관되지 않아 오염되거나 샘플을 분석하는 사람들이 실수를 할 수도 있기 때문입니다. 근래 들어선 수사 현장에서도 DNA 증거에만 의존해 범인을 잡기가 점점 어려워지고 있어요. 노련한 범죄자들은 장갑과 마스크를 착용해 범죄 현장에 자신의 DNA를 남기지 않기 때문이지요.

### 공공 기관의 대중 감시

공공 기관은 업무의 일환으로 일반 대중을 감시합니다. 영국의 몇몇 지방정부는 시민들이 법을 위반하는지 은밀하게 감시합니다. 자녀를 원하는 학교에 입학시키려고 거주지를 속이는 학부모, 쓰레기를 불법

투기하는 사람, 애완견의 배변을 길거리에 버려두고 가는 사람 등이 누구인지 말이에요. 지방정부에서는 법 위반자를 적발하려면 비밀 감시가 꼭 필요하다는 입장입니다. 반면에 이를 비판하는 쪽에서는 위반 사항의 경미함에 비해 감시 활동의 정도가 너무 지나치다고 지적합니다.

> **알아두기**
>
> 미국 수정헌법 4조는 문서를 비롯해 개인 소유물을 함부로 압수 수색하지 못하도록 규정해 시민을 보호한다. 하지만 이와 동시에 미국 대법원은 은행, 학교, 기업, 병원 등에 제공한 개인 정보는 보호받지 못한다고 판결하고 있다. 자발적으로 제3자에게 해당 정보를 제공했다고 보기 때문이다.

### 공공 기관의 정보 공유

공공 기관들이 각자 수집한 시민들의 개인 정보를 서로 공유하는 사례가 점점 늘어나고 있습니다. 호주에서는 특정 목적으로 한 공공 기관에 제공된 정보가 다른 공공 기관으로 이전되는 경우가 많아요. 이를테면 의료공단, 교육부, 교통부가 서로 자료를 공유하는 것이지요.

가령 학생 신분인 경우 대중교통을 이용할 때 요금 할인을 받습니다. 이런 서비스는 교육부가 가지고 있는 학생 정보 데이터를 교통부가 받아 볼 수 있어야 가능하지요. 다른 예로 의료공단이 보유하는 복지 수당 명단을 경찰과 공유한다면 허위로 혜택받는 사람을 조사해 적발하기가 쉽습니다. 영국에서는 전 국민의 의료 기록을 담은 데이터베이스를 개

| 대량의 쓰레기가 거리에 무단 투기되어 있다. 이런 곳에서의 감시 활동은 정당하다는 게 영국 지방정부의 입장이다.

발 중인데 결국 경찰과도 이 정보가 공유될 것으로 우려하는 사람들이 많아요.

프라이버시 보호 운동을 하는 사람들은 이 같은 정보 공유를 놓고 시민의 프라이버시를 침해하는 위험한 정책이라고 비판합니다. 시민들이 자신의 개인 정보를 다른 기관으로 이전하는 걸 허락한 적이 없기 때문이지요.

하지만 이렇게 정보가 공유되면 공공 기관이 서비스를 좀 더 효과적으로 제공할 수 있고 편법을 써서 복지 수당을 챙기는 사람을 가려내는 데도 도움이 된다며 반박하는 이들도 있습니다. 공정하고 효율적으로 공공서비스를 운영하고 비용까지 절감하려면 정보 공유가 꼭 필요하다는 주장이지요.

정부 기관의 자료가 일반 대중과 공유되는 사례도 있습니다. 미국의 예를 한번 볼까요? 미국에서는 유죄 판결을 받은 성 범죄자의 신상을 인터넷에서 자유롭게 열람할 수 있습니다. 일부 사이트에서는 성 범죄자의 거주지를 확인하기 쉽게 지도에 표시해서 제공하지요. 이런 정보를 제공하는 이유는 인근에 성 범죄자가 살고 있음을 알려 시민들을 보호하기 위해서입니다. 하지만 온라인 자료에는 항상 오류의 가능성이 있어요. 자료 오류로 범죄자로 오인받는 사람이 생길 수도 있다는 말이지요. 또 이미 처벌받은 범죄자가 이중 징벌을 받는다는 비판도 제기될 수 있습니다.

### 간추려 보기

- 경찰은 범죄 예방 목적에서 은밀히 인터넷을 감시한다. 하지만 합법적으로 활동하는 반정부 단체와 소수자를 위한 인권 단체 또한 감시 대상에 포함하고 있다.
- 경찰은 사회에 위협이 된다고 생각하는 인물을 추적하고 감시할 수 있다. 하지만 프라이버시를 옹호하는 쪽에서는 경찰이 필요 이상으로 많은 시민들을 감시하고 있다고 지적한다.
- DNA 데이터베이스는 범죄 해결에 매우 유용하다. 그럼에도 데이터베이스에 포함될 대상을 정하는 문제로 논란이 많다.
- 공공 기관들은 업무의 일환으로 민원인을 관찰하고 타 기관과 정보를 공유한다. 이로써 더 효율적으로 서비스를 운영할 수 있지만 시민 개개인의 프라이버시가 침해될 소지도 크다.

# 미래 사회의 프라이버시와 감시

사람들은 신기술의 혜택을 누리길 좋아합니다. 그러나 그 대가로 프라이버시를 희생해야 할지도 모릅니다. 현재 개발 중인 몇몇 기술을 보면 그럴 가능성이 충분해 보입니다.

사람들은 새로운 기술의 혜택을 누리길 좋아합니다. 그러나 그 대가로 프라이버시를 희생해야 할지도 모릅니다. 현재 개발 중인 몇몇 기술을 보면 그럴 가능성이 충분해 보입니다.

> 쌍방향 텔레비전이 중요한 정보 통신 기술로 떠오르고 있다. 이로 인해 기업은 소중한 사업 기회를 얻겠지만 시민의 프라이버시에 미칠 영향은 부정적일 수 있다.

### 여러 가지 신기술들

예컨대 쌍방형 텔레비전(interactive TV)이 개발되고 텔레비전 전자상거래(T-commerce) 서비스가 도입되면서 이제 시청자들은 텔레비전으로 물건도 구입하고 영화나 드라마도 개개인의 입맛에 맞게 골라 볼 수 있게 되었습니다. 참 편리한 세상이라 하겠지요. 하지만 이렇게 유용한 정보 통신 기기가 미래에는 조지 오웰의 암울한 미래 소설 《1984》에서 묘사된 대로 사람들을 감시하는 무시무시한 도구로 돌변할 가능성도 있습니다.

얼굴 인식 기술 또한 빠르게 발전하고 있습니다. 길거리 행인의 얼굴을 식별하는 정도는 이제 더는 불가능한 일이 아니에요. 범죄 예방에 유용하게 쓰일 기술이지만 동시에 거리를 오가는 평범한 시민들도 모두 감시의 대상이 되었다는 뜻이기도 합니다. 사람마다 심각하게 느끼는 정도에 차이는 있지만 기본적으로 모두 프라이버시 침해에 해당하지요.

전자태그(RFID) 설치에 드는 비용도 날이 갈수록 저렴해지면서 곧 널리 보급되리라 전망됩니다. 기업들은 물건을 판매한 후에도 사전에 제품에 삽입해 둔 전자 칩을 통해 제품의 이동 경로를 추적할 수 있어요. 제품 이용 현황과 관련된 귀중한 마케팅 정보를 손쉽고 정확하게 얻을 수 있게 된 거예요. 하지만 이는 기업이 제품 구매자의 움직임도 추적할 수 있다는 의미입니다. 소비자들은 자신도 모르게 프라이버시를 침해당하는 것이지요.

영화 〈1984〉의 한 장면. 극중 인물 '윈스턴 스미스' 역할을 한 존 허트가 그를 감시하는 텔레비전의 시야에서 벗어나 비밀 일기를 쓰고 있다.

### 전자 정부와 개인 정보 통합

요즘 각국 정부는 국가가 보유 중인 개인 정보를 하나로 통합하는 방안을 검토하고 있습니다. 공공서비스를 보다 효율적으로 제공하기 위해서입니다. 유럽연합은 전자 정부(e-government) 정책의 일환으로 통합 카드 도입을 적극적으로 추진하고 있어요. 이는 시민들이 카드 한 장으로 교육, 의료, 도서관 등 여러 공공서비스를 이용할 수 있게 하는 제도입니다. 개인 신분증, 여권, 운전 면허증, 의료 보험증 등을 비롯해 모든 공공서비스 관련 정보가 카드 한 장에 담기게 됩니다. 그러니까 이 카드로 모든 공공 기관에 합법적으로 접근할 수 있다는 말이지요.

통합 카드 제도가 무척 편리한 것은 사실이지만 개인 정보가 오용될 가능성도 그만큼 쉬워집니다. 예컨대 비민주적인 정부가 권력을 장악하게 된다면 무슨 일이 벌어질까요? 조지 오웰의 소설 《1984》에 나오는 것처럼 시민들이 항상 감시당하는 사회에서 살게 되는 것은 아닐까요? 그런 일이 벌어지기 전에 개인 정보를 장악할지도 모르는 국가기관의 권한을 제한하는 대책이 마련돼야 하지 않을까요? 이는 앞으로 우리 사회가 해결해야 할 중요하고도 시급한 과제라 할 수 있습니다.

### 찬성 VS 반대

언제 감시를 받고 있는지 물론 알 길은 없다. (…) 어쩌면 사상경찰이 모든 사람을 항상 감시한다고 볼 수도 있을 것이다. 아무튼 그들은 필요하다면 언제든지 감시의 선을 꽂을 수 있으니까. 사람들은 자신이 내는 소리가 모두 도청당하며 캄캄한 때 외에는 동작 하나하나가 모두 감시당한다는 생각을 하며 살아야 했다. 오랜 세월 그렇게 지내다 보니 어느새 그런 삶이 본능처럼 습관화돼 버렸다.

– 조지 오웰의 소설 《1984》 중에서

영국이 **경찰국가**로 이행한다는 소리는 터무니없는 유언비어다. 설령 그 말이 사실이라고 해도 우리에게는 이를 막을 장치가 있다. '민주적 선거'가 바로 그것이다. 정부가 권력을 남용한다고 판단되면 국민은 투표로 그 정권을 교체하면 된다.

– 잭 스트로 전(前) 영국 법무부 장관

### 간추려 보기

- 쌍방형 텔레비전, 얼굴 인식 기술, **전자태그** 기술 등이 개발·보급되고 있다. 모두 인간의 삶을 편리하게 해 주는 기술이지만 언젠가 부메랑이 돼 시민의 프라이버시를 옥죌지도 모른다.
- 국가가 제공하는 모든 공공서비스를 한 장의 카드로 해결할 수 있게 하는 방안이 검토되고 있다. 사용하기에 무척 편리하지만 개인 정보가 집중되는 만큼 오용될 경우 피해도 막심할 수 있다.

# 용어 설명

**감시** 누군가를 면밀히 관찰하는 행위. 특히 범죄 혐의가 있는 용의자나 집단, 또는 범죄가 일어날 가능성이 높은 장소를 관찰하는 행위.

**감청** 기밀을 보호하거나 수사 따위에 필요한 참고 자료를 얻기 위해 통신 내용을 엿듣는 일.

**검색엔진** 인터넷에서 사이트를 검색하기 위한 프로그램. 찾고자 하는 주제의 키워드를 입력하면 그와 일치하거나 유사한 사이트를 찾아 준다.

**경찰국가** 경찰권을 마음대로 행사하여 국민 생활을 감시·통제하는 국가 형태.

**공적 자금** 정부가 기업이나 금융기관의 구조 조정을 지원하기 위하여 마련한 자금.

**남용** 권리나 권한 따위를 본래의 목적이나 범위를 벗어나 함부로 행사하는 것.

**내부 고발자** 기업이나 정부 기관 등 조직의 과거 또는 현재의 구성원으로서, 해당 조직의 비리나 불법 행위를 폭로하는 사람.

**대(對)테러 정책** 무력으로 자신의 목적을 달성하려는 테러 조직의 공격을 예방하기 위해 만든 제도.

**데이터 마이닝(data mining)** 컴퓨터에 수집된 수많은 정보를 살펴보고 통계적 규칙이나 패턴을 찾아내는 작업. 마케팅, 범죄 예방 등 여러 목적에 이용할 수 있다.

**데이터베이스(database)** 컴퓨터에 저장된 데이터의 집합체. 데이터를 다양한 방법으로 조회하고 재구성할 수 있다.

**도청(bugging)** 장비를 이용해 몰래 타인의 대화를 엿듣는 행위.

**디지털 추적(digital tracking)** 특수한 전자 장비를 이용해 사람이나 사물의 움직임을 따라가는 행위.

**방문 마케팅** 판매자가 고객을 직접 방문해

서 하는 마케팅. 소비자가 원하는 상품을 실제로 보여 주고 자세히 설명함으로써 소비자를 이해시키는 마케팅 방법.

**방화벽** 컴퓨터 시스템의 일부로 허락 없이 정보를 빼내지 못하게 막는 시스템.

**빅 브라더** 영국 소설가 조지 오웰의 소설 《1984》에 나오는 독재자.

**사이버 집단 괴롭힘**(cyber bullying) 이메일, 실시간 메시지, 웹 사이트, 휴대전화 문자 등으로 누군가를 괴롭히는 행위.

**사찰** 조사하여 살피는 일. 주로 경찰 등 공안 당국이 시민들의 사상적 동태를 조사하고 처리하는 일을 말한다.

**사회복지** 국민의 생활 향상과 사회 보장을 위한 사회 정책과 시설을 통틀어 이르는 말.

**생체 인식** 지문, 홍채와 같이 개개인마다 다른 신체적 특징을 근거로 신원을 확인하는 기술.

**소아 성애자** 어린 아이에게 성적으로 끌리는 사람.

**수색** 구석구석 뒤지며 찾음. 형사소송법에서 압수할 물건이나 체포할 사람을 발견할 목적으로 주거, 물건, 사람의 신체 또는 기타 장소에 대하여 행하는 강제 처분.

**신분 도용** 불법으로 돈이나 상품 및 서비스를 획득하려고 이름, 신용카드 비밀번호, 여권 정보와 같은 타인의 개인 정보를 그 사람 모르게 이용하는 행위.

**악성 코드** 컴퓨터에 악영향을 미칠 수 있는 모든 소프트웨어의 총칭. 컴퓨터 바이러스, 웜, 트로이 목마 등을 일컫는다.

**알 권리** 국민 개개인이 정치, 사회적 현실에 대한 정보를 자유롭게 알 수 있는 권리. 또는 이런 정보에 접근할 수 있는 권리를 통칭하는 개념.

**알 카에다**(Al Qaeda) 이슬람 급진주의 운동을 펼치는 무장 세력. 세계 곳곳에 하부 조직이 있다.

**압수** 소유자로부터 강제로 물품을 거두어 보관함.

**용의자** 범죄의 혐의가 뚜렷하지 않아 정식으로 입건되지는 않았으나 내부적으로 조사 대상이 된 사람.

**유럽 개인정보보호지침**(EU Data Protection Directive) 1998년 유럽연합에서 채택해 각 회원국의 국내법에 명기하도록 지시한 프라이버시 보호 법규의 총체.

**유튜브**(Youtube) 미국에서 인기 있는 무료 동영상 공유 웹 사이트. 사용자가 직접 비디오를 올리고 서로 감상한다. 콘텐츠의 대부분은 영화, TV 자료, 뮤직비디오이며 아마추어들이 제작한 영상물도 다수 있다.

**인터넷 주소**(IP, Internet Protocol) 인터넷상의 위치를 나타내기 위한 주소. 인터넷에 연결되어 있는 모든 컴퓨터들은 모두 자신의 주소를 가지고 있다.

**전자태그**(Radio Frequency Identification) 무선 주파를 이용해 사물이나 사람의 신원을 자동으로 인식하고 전송하는 시스템.

**전화 도청**(wiretapping) 전자 장비나 기기를 이용해 다른 사람의 전화 통화를 몰래 엿듣는 행위.

**정보원** 정보가 흘러나오는 근원.

**지문 인식** 저장된 지문으로 신원을 확인하는 기술.

**집회의 자유** 언론, 출판, 결사의 자유와 함께 민주주의 국가의 기본 자유 중 하나. 여러 사람이 특정한 목적을 위해 일시적으로 한곳에 모이는 자유를 의미한다.

**쿠키**(cookie) 특정 웹 사이트를 방문했을 때 만들어지는 정보를 담은 파일. 방문 기록이나 비밀번호 따위를 기록하였다가 다음번에 방문할 때 되살려 사용한다.

**테러범** 정치적 목적을 달성하기 위해 무력

을 이용하는 사람.

**페이스북(Facebook)** 미국에서 가장 유명한 소셜 네트워크 서비스. 2004년 하버드 대학교 학생 마크 주커버그가 창업했다. 2012년 9월 사용자 수가 10억 명을 돌파했으며 이 중 70%는 미국이 아닌 다른 국가에서 거주하는 사람이다.

**표현의 자유** 자신의 생각, 의견, 주장 등을 아무런 억압 없이 외부에 나타낼 수 있는 자유. 언론, 출판, 통신 등의 자유가 이에 해당한다.

**프라이버시(privacy)** 개인의 사생활이나 집안의 사적인 일 또는 그것을 남에게 간섭받지 않을 권리. 넓게는 개인 정보를 스스로 통제할 권리도 포함한다.

**피싱(phishing)** 신뢰할 만한 기업에서 이메일을 보내는 것처럼 속여 사용자 아이디, 비밀번호, 신용카드 비밀 정보 같은 중요한 정보를 빼내는 행위.

**해커** 허락 없이 남의 컴퓨터에 저장된 정보에 접근하는 사람.

**헌법** 국가의 통치 체제와 기본권의 보장을 규정한 최고 규범.

**혐의** 범죄를 저질렀을 가능성이 있다고 봄. 또는 그 가능성.

**홍채 인식** 저장된 홍채(동공을 둘러싸고 있는 둥근 막) 정보로 신원을 확인하는 기술.

**CCTV** 폐쇄 회로 텔레비전. 감시 카메라로 특정 지역을 감시하고 그 영상을 통제실로 전송하는 시스템.

**DNA** 동식물의 세포에 들어 있는 유전 정보를 담고 있는 화학 물질. 일란성 쌍둥이가 아닌 한 모든 사람의 DNA는 서로 다르다.

**DNA 데이터베이스** 경찰에게 체포당한 사람들의 DNA를 보관하는 데이터베이스.

# 연표

| | |
|---|---|
| 1583~1590년 | 프랜시스 월싱엄 경(Sir Francis Walsingham)이 영국의 엘리자베스 1세 여왕을 위한 첩보 활동에 헌신했다. |
| 1881~1917년 | 러시아 비밀경찰 오크라나(Okhrana)가 혁명 운동을 막기 위해 반정부 인사들을 감시했다. |
| 1900년 | 덴마크의 기술자 발드마르 풀센(Valdemar Poulson)이 자기기록(magnetic recording)의 원리를 증명함으로써 소리를 녹음하는 자기 테이프의 개발이 가능해졌다. |
| 1949년 | 조지 오웰의 소설 《1984》가 세상에 발표되었다. 이 소설은 사람들을 감시하는 미래 사회의 모습을 상세히 묘사했다. |
| 1969년 | 전자태그(RFID) 기술이 처음으로 등장했다. |
| 1970년대 | 미국에서 인터넷이 등장했다. |
| 1980년대 | 영국의 여러 도시에 CCTV 감시 카메라 시스템이 도입됐다. |
| 1984년 | 영국 라이세스터대학교의 알렉 제프리스 교수가 DNA 지문 분 |

석 기술을 처음으로 선보였다.

**1990년대 초반**    일반인들이 인터넷에 접속하기 시작했다.

**1990년대**    전자태그 이용률이 높아졌다.

**1995년**    홍채 인식 장비가 처음으로 상용화되었다.

**1998년**    유럽인권조약에서 모든 사람은 사생활, 가족생활, 주거와 통신의 자유를 존중받을 권리가 있음을 명시했다.

**1999년**    미국 미네소타 주의 이건고등학교 등 여러 학교에서 도서관에서 책을 빌리는 데 처음으로 지문 인식 스캐너를 사용했다.

**2001년**    미국 플로리다 주의 탬파 시에서 열린 슈퍼볼 게임에서 관중들의 신원을 확인하는 데 얼굴 인식 기술을 사용했다.
9월 11일, 19명의 테러범이 미국에 자살 폭탄 테러를 감행해 3천여 명이 사망했다.
10월 26일, 미국 의회가 미국 시민과 외국인에 대한 감시 활동을 강화하는 이른바 애국법(Patriot Act)을 통과시켰다.

**2004년**    미국이 외국인 방문객의 생체 정보를 수집하는 외국인 출입국 감시 프로그램(US-VISIT system)을 도입했다.
2월 4일, 하버드 대학교 학생 마크 주커버그(Mark Zuckerberg)가 페이스북을 창업했다.

**2005년**

3월 11일, 스페인 마드리드 시의 통근 열차에서 폭탄 테러가 일어나 191명이 사망하고 1,841명이 부상을 당했다.

7월 7일, 런던에서 자살 폭탄 테러가 발생해 52명이 사망하고 770명이 다쳤다.
7월 21일, 런던 차량에서 감행된 폭발 테러가 미수에 그쳤다.
7월 22일, 런던 경찰이 대테러 감시를 하다가 브라질 출신의 쟝 샤를 드 메네제스(Jean Charles de Menezes)를 테러범으로 오인하고 사살했다.

**2007년**

1월 26일, 영국 신문 〈뉴스 오브 더 월드〉의 왕실 전담 기자 클리브 굿맨이 왕실 인사의 휴대전화 음성 메시지를 불법 도청하여 징역 4개월을 선고받았다.
8월, 미국에서 전자 여권을 도입했다. 전자 여권에는 사진과 개인 정보를 담은 전자 칩이 내장되고 얼굴 인식 기술을 이용해 여권에 부착된 사진과 비교한다.

**2008년**

6월, 독일 정부가 연방범죄수사청(BKA) 법을 통과시켜 연방범죄수사청의 감시·감청 권한을 대폭 강화했다.

**2010년**

미국의 모든 주에서 지문 자동 검색 시스템(Automated Fingerprint Identification System) 데이터베이스를 도입했다.
9월 11일, 독일 베를린에서 1만여 명의 시민들이 '두려움이 아닌 자유를(Freedom not Fear)'이라는 슬로건으로 정부와 기업이 주도하는 감시 활동이 늘어나는 데 반대하는 시위를 벌였다.

# 더 알아보기

**개인정보보호위원회 www.pipc.go.kr**

국민의 개인 정보 보호를 위해 2011년 9월 30일 대통령 소속의 독립 기구로 설립되었습니다. 개인 정보 보호와 관련해서 제도의 개선을 심의·의결하고 정부 부처 간 의견을 조정하며 공공 기관이 개인 정보를 침해했을 때 시정·개선을 권고합니다. 홈페이지에서는 개인 정보가 무엇인지 정의하고 개인정보보호법을 소개하며 '개인 정보 피해 방지 10계명'을 지정해서 생활 속에서 지켜야 할 사항을 일러 줍니다. 다음은 개인 정보 피해 방지 10계명입니다.

① 개인 정보 처리 방침 및 이용 약관 꼼꼼히 살피기
② 비밀번호는 문자와 숫자로 8자리 이상 설정하기
③ 비밀번호는 주기적으로 변경하기
④ 회원 가입은 주민등록번호 대신 I-PIN(인터넷상의 개인 식별 번호) 사용하기
⑤ 명의 도용 확인 서비스를 이용하여 가입 정보 확인하기
⑥ 개인 정보는 친구에게도 알려주지 않기
⑦ P2P 공유 폴더에 개인 정보를 저장하지 않기
⑧ 금융 거래는 PC방에서 하지 않기
⑨ 출처가 불명확한 자료는 내려받지 않기
⑩ 개인 정보 침해 신고 센터를 적극 활용하기

**위키리크스 한국 www.wikileaks-kr.org**

2011년 9월 공개된 위키리크스 25만 개 문건 중 한국 관련 문건을 선별적으로 번역해 공개하는 사이트입니다. 언론노조와 대학생 위키 번역단, 기자, 번역가 등이 참여해 번역하고 있습니다.

### 경향리크스 www.khleaks.com

'한국판 위키리크스'를 표방하며 〈경향신문〉이 만든 공익 제보 사이트입니다. 2011년 3월 개설된 이래 지금까지 다수의 공익 제보를 기사화하며 여론의 주목을 받고 있습니다.

### 진보네트워크센터 act.jinbo.net/drupal

진보네트워크센터는 사회운동을 위한 독립 네트워크를 기치로 1998년 11월 14일 설립되었습니다. '이슈와 정책' 카테고리의 '프라이버시' 코너로 가면 이 센터가 감시와 프라이버시에 관해 내세우는 입장 및 활동 상황을 알아볼 수 있습니다.

### 국제토론교육협회(IDEA) www.idebate.org

디베이트 교육에 관한 국제적인 단체로 국제 토론 대회를 주관하며, 홈페이지에 가면 각종 토론 자료와 동영상 등을 볼 수 있습니다. '불법 도청', '프라이버시 대 안보', '유명 인사는 언론으로부터 좀 더 보호받아야 하는가?' 등을 비롯해 이 책과 관련한 다양한 토론 주제를 찾아볼 수 있습니다.

# 찾아보기

## ㄱ
가디언(Guardian) 66
감시(surveillance) 10, 13~20, 28, 29, 37~40, 47, 51~57, 64, 66, 71~78, 80, 83, 84, 86~89, 92~94, 96, 100~102
검색엔진 24, 25
공공의 이익 10, 65
구글(Google) 25, 84
금융 정보 30, 65

## ㄴ
노동조합(trade union) 15
뉴스 오브 더 월드(News of the World) 65, 66

## ㄷ
대법원 93
데이터 마이닝(data mining) 17
데이터베이스(database) 14, 17, 27, 41, 55, 84, 88, 90, 93, 96
도청 15, 65~67,
86~89, 102
도청기(bug) 86, 87
동영상 44, 74
디지털 추적(digital tracking) 25

## ㅁ
마케팅 17, 19, 20, 100
미국 법무부(US Department of Justice) 16

## ㅂ
방문 마케팅 19
범죄자 23, 30, 33, 71, 77, 84, 88~91, 95
비밀경찰 15, 86

## ㅅ
사비르 리즈완(Sabir Rizwann) 85
사이버 집단 괴롭힘(cyber bullying) 44, 46, 47
생체 인식 37, 40, 42~44, 47
생체 정보 41~43, 88, 90
성 범죄자 95
수정헌법 62, 93
스트레스 55~57
신문 42, 43, 61, 62
신분 도용 30, 32

## ㅇ
알 카에다(Al Qaeda) 16, 83, 85
앤디 쿨슨(Andy Coulson) 65, 66
언론인 8, 61, 67
얼굴 인식 기술 100, 103
연방수사국(FBI) 79, 87
영국 인권법(Human Rights Act) 41
오크라나(Okhrana) 15
외국인 출입국 감시 프로그램(US-VISIT system) 75
원격 감시(remote searching) 28, 29
위키리크스(WikiLeaks) 8~10
유럽 개인정보보호지침(EU Data Protection Directive) 31

유럽인권조약(European Convention on Human Rights) 13, 62, 67
유튜브(YouTube) 44
인터넷 15, 17, 18, 23, 25, 30, 45~47, 52, 53, 83, 84, 87, 89, 95, 96

ㅈ
전자 정부(e-government) 101
전자태그(RFID) 26, 100, 103
정보 통신 기술 52, 55, 59
제이미 벌저(Jamie Bulgur) 63
주거 공간 13, 20, 77
줄리안 어산지(Julian Assange) 8, 9
지문 40, 41, 43, 75, 92

ㅊ
첩보(spying) 15, 88

ㅋ
쿠키(cookie) 25

ㅌ
테러범 16, 75
텔레비전(TV) 14, 99~101, 103

ㅍ
파파라치(paparazzi) 64
페이스북(Facebook) 18, 23, 24, 26, 46, 53
프라이버시(privacy) 8~10, 13, 17, 20, 23, 25~29, 32, 33, 38, 40, 41, 43~47 51, 56, 61~67, 72, 73, 77, 79, 80, 94, 96, 99, 100, 102
프로파일링(profiling) 74, 75
피싱(phishing) 30

ㅎ
해커 32
해킹(hacking) 42
홍채 인식 40, 43
휴대전화 38, 44, 45, 65~67
9.11 테러 16, 75
CCTV(폐쇄회로 텔레비전) 14, 37~39, 40, 52, 56, 63, 71, 73, 76, 80
DNA 10, 82, 88~92, 96
SNS 17, 23~24, 38, 83

**내인생의책**은 한 권의 책을 만들 때마다
우리 아이들이 나중에 자라 이 책이 '내 인생의 책'이라고 말할 수 있는 책을 만들고자 합니다.

세상에 대하여 우리가 더 잘 알아야 할 교양

## ⑰ 프라이버시와 감시 자유냐, 안전이냐? (원제: Privacy and Surveillance)

캐스 센커 글 | 이주만 옮김 | 홍성수 감수

초판 인쇄일 2012년 12월 26일 | 초판 발행일 2013년 1월 10일
펴낸이 조기룡 | 펴낸곳 내인생의책 | 등록번호 제10-2315호
주소 서울시 마포구 망원동 385-39 3층 (우)121-821
전화 (02)335-0449, 335-0445(편집) | 팩스 (02)335-6932
전자우편 bookinmylife@naver.com | 카페 http://cafe.naver.com/thebookinmylife
편집주간 한소원 | 편집장 이은아 | 책임편집 손유진 조일현 | 편집 황윤진 김지연 박소란 강길주
제작 심재원 | 디자인 이자현

이 책의 한국어판 저작권은 Imprima Korea Agency를 통해
Hodder and Stoughton Limited와의 독점 계약으로 **내인생의책**에 있습니다.
저작권법에 의해 한국 내에서 보호를 받는 저작물이므로
무단전재와 무단복제를 금합니다.
ISBN 978-89-97980-18-5 44300
ISBN 978-89-91813-19-9 44300(세트)
(CIP제어번호: 2012006038)

Privacy and Surveillance Copyright © 2011
Published by arrangement with Hodder and Stoughton Limited on behalf of Wayland,
a division of Hachette Children's Books  All rights reserved.
Korean Translation Copyright © 2013 by TheBookInMyLife Publishing Co
Korean edition is published by arrangement with Hodder and Stoughton Limited
through Imprima Korea Agency.

책값은 뒤표지에 있습니다. 잘못된 책은 구입처에서 바꾸어 드립니다.

책은 나무를 베어 만든 종이로 만듭니다.
그래서 원고는 나무의 생명과 맞바꿀 만한 가치가 있어야 합니다.
그림책이든 문학, 비문학이든 원고 형식은 가리지 않습니다.
여러분의 소중한 원고를 bookinmylife@naver.com으로 보내주시면
정성을 다해 좋은 책으로 만들겠습니다.

## 디베이트 월드 이슈 시리즈 세더잘

# 세상에 대하여 우리가 더 잘 알아야 할 교양

## 전국사회교사모임 선생님들이 번역한 신개념 아동·청소년 인문교양서!

《디베이트 월드 이슈 시리즈 세더잘》은 우리 아이들에게 편견에 둘러싸인 세계 흐름에서 벗어나 보다 더 적확한 정보와 지식을 제공합니다. 모두가 'A는 B이다.'라고 믿는 사실이, 'A는 B만이 아니라, C나 D일 수도 있다.' 는 것을 알려주면서 아이들이 또 다른 진실을 발견하도록 안내합니다.

 ▶ 전국사회교사모임 추천도서 ▶ 문화체육관광부 우수교양도서 ▶ 한국간행물윤리위원회 청소년 권장도서 ▶ 서울시교육청 추천도서 ▶ 보건복지부 우수건강도서 ▶ 아침독서 추천도서 ▶ 대교눈높이창의독서 선정도서 ▶ 학교도서관저널 추천도서

### 세더잘 16
# 소셜네트워크 어떻게 바라볼까?
로리 하일 글 | 강인규 옮김

**소셜 네트워크는 표현의 자유를 확장할 것이다.**
**vs 사생활 침해를 증가시킬 것이다.**

페이스북이나 트위터와 같은 소셜 네트워크는 우리가 더 빠르고 빈번하게 소식을 주고받도록 도와줍니다. 아이티에서 지진이 발생했을 때도, 허리케인이 미국을 강타했을 때도, 이 소식을 가장 먼저 전했던 것은 바로 SNS였습니다. 하지만 역기능도 만만치 않습니다. 소셜 네트워크는 우리 생활을 어떻게 바꾸고 있을까요?

### 세더잘 15
# 인권 인간은 어떤 권리를 가질까?
은우근, 조셉 해리스 글 | 전국사회교사모임 옮김

**인권은 모든 지역, 모든 사람에게 동등하게 적용되어야 한다**
**vs 인권의 잣대를 일률적으로 들이대선 안 된다**

신문을 펼치면 연일 보도되는 비정규직 문제, 주택 문제, 성 폭력, 학교 폭력, 이주민 문제 등 인간사 모든 것이 인권과 관련되어 있습니다. 이 책은 인권 개념의 발견에서부터 하나하나의 구체적 권리를 세우기까지 인권 발전의 역사를 통해 인권의 이론과 실제를 한눈에 살피고 인권감수성을 키워 줍니다.

### 세더잘 14
# 관광산업 지속 가능할까?
루이스 스펠스베리 글 | 정다워 옮김 | 이영관 감수

**관광산업은 일자리를 창출하고 국가 경제에 도움이 된다**
**vs 관광산업은 자연을 훼손하고 현지인의 전통적 삶의 방식을 파괴한다**

관광산업이 커지면서 지역 경제가 발전하고 삶의 질이 높아지게 되었지만 관광산업 노동자들의 근로 환경이 열악해지고 자연이 훼손되는 문제도 발생하고 있습니다. 이러한 문제를 극복하기 위한 관광이 지속가능한 관광입니다. 책임관광, 공정여행이라고도 불리는 지속가능한 관광을 성찰해 봅니다.

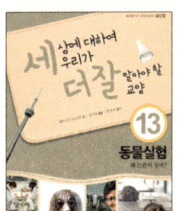

**세더잘 13**
## 동물실험 왜 논란이 될까?
페이션스 코스터 글 | 김기철 옮김 | 한진수 감수

**동물실험은 과학과 의학의 진보를 위해 반드시 필요하다**
vs **동물실험은 무의미하게 생명을 죽이므로 폐지해야 한다**

인류는 수많은 동물의 희생으로 건강한 삶을 얻었습니다. 그러나 그 희생이 과연 윤리적으로 합당한지는 생각해 볼 문제입니다. 첨예한 논란을 일으키는 동물실험의 찬반양론을 명쾌하게 정리한 이 책을 읽고 과학 윤리에 대해 생각해 봅시다.

**세더잘 12**
## 군사개입 과연 최선인가?
케이 스티어만 글 | 이찬 옮김 | 김재명 감수

**군사 개입은 인권 보호를 위해 필요하다**
vs **군사 개입은 다른 나라의 주권을 침해할 뿐이다**

폭력을 막기 위해 또 다른 폭력을 사용해도 될까요? 전쟁에 시달리고 있는 지구촌이 평화를 되찾는 법은 없을까요? 이 책은 국제 사회의 뜨거운 감자, 군사 개입을 다루며 지구촌 폭력과 평화에 대해 폭넓게 성찰하게 합니다.

**세더잘 11**
## 사형제도 과연 필요한가?
케이 스티어만 글 | 김혜영 옮김 | 박미숙 감수

**사형은 국가가 행하는 합법적인 살인이므로 폐지되어야 한다**
vs **사형은 범죄를 억제하는 가장 효과적인 방법이므로 존치시켜야 한다**

이 책은 사형제도 존폐론 외에도 사형 집행의 과정을 생생한 사례와 구체적인 논거로 철저히 분석합니다. 과연 사형에서 공정한 집행이 이루어지고 있는지 오류는 없는지 등을 포함해 사형제도를 둘러싼 국제적 이슈를 담아냈습니다. 이 책을 읽고 사형제도에 대한 자신만의 생각을 정립해 봅시다.

**세더잘 10**
## 성형수술 외모지상주의의 끝은?
케이 스티어만 글 | 김아림 옮김 | 황상민 감수

**미용 성형 산업을 객관적인 시선으로 바라보도록 도와주어**
**현대 사회에 대한 근본적인 물음을 던지게 하는 책**

성형 수술의 역사, 의미, 효과, 역사적 배경, 성형 산업의 현실 등을 상세하게 설명해 미용 성형에 대해 스스로 생각하고 합리적으로 판단할 수 있는 힘을 길러줍니다. 마땅히 '수정되어야 할 몸'에 대한 끊임없는 강박과 열등감이 만연한 현대 사회를 어떻게 바라봐야 할지 다시 한 번 깊이 생각하게 해 줄 것입니다.

**세더잘 09**
## 자연재해 인간과 자연이 공존하는 길은?
안토니 메이슨 글 | 선세갑 옮김

**자연재해에 관한 사회·과학 통합서**
**'자연 대 인간'에서 '자연과 인간'으로!**

이 책은 자연재해의 유형과 원인을 과학 원리로 설명하고, 피해자 구조나 복구 과정, 방재 대책 등에 관해 체계적으로 살펴봅니다. 또한 자연재해의 이면에 숨어 있는 정치·경제적인 논의와 함께 인간의 무분별한 행태가 재해를 부추기는 면도 지적하며 인문학적인 성찰을 유도합니다.

### 세더잘 08
## 미디어의 힘 견제해야 할까?
데이비드 애보트 글 | 이윤진 옮김 | 안광복 추천

**미디어는 규제받아야 한다! vs 미디어는 자유로워야 한다!**
오늘날 제4의 권력이라고 불릴 정도로 강력해진 미디어의 힘에 대해 알아봅니다. 미디어를 지탱하는 언론 자유와 그 힘을 통제하려는 정부의 규제 사이에서 벌어지는 논쟁에 대한 다양한 관점을 제시하고, 미래의 미디어가 나아가야 할 방향에 대해서 생각해 보도록 돕습니다.

### 세더잘 07
## 에너지 위기 어디까지 왔나?
이완 맥레쉬 글 | 박미용 옮김

**지구 온난화, 전쟁과 테러, 허리케인…**
**이 모든 것은 에너지 위기에서 비롯되었다!**
우리는 에너지 없는 세상에서 하루도 살 수 없습니다. 하지만 현재 속도로 에너지를 소비한다면 앞으로 40년 이내에 주에너지원인 석유가 고갈될 것입니다. 이 책은 에너지 위기가 불러올 정치, 사회, 경제, 환경의 변화를 알아보고, 무엇이 화석연료를 대신할 차세대 에너지원이 될지 꼼꼼히 따져봅니다.

### 세더잘 06
## 자본주의 왜 변할까?
데이비드 다우닝 글 | 김영배 옮김 | 전국사회교사모임 감수

**인류를 위한 가장 바람직한 자본주의의 변화상은 무엇인가?**
자본주의의 역사와 발전상에 대해 알아보면서 자본주의라는 경제 체제가 인류를 위해 어떻게 복무했는지, 문제가 발생하면 그때마다 인류에게 봉사하기 위해 어떤 모습으로 변신했는지에 대해 알아봅니다. 이를 통해 논쟁이 끊이지 않는 21세기의 자본주의가 어떻게 변해야 할지에 대해 생각해 보도록 합니다.

### 세더잘 05
## 비만 왜 사회문제가 될까?
콜린 힌슨, 김종덕 글 | 전국사회사모임 옮김

**왜 지구 한쪽에서는 굶어 죽는데,**
**다른 한쪽에서는 비만으로 죽는 걸까?**
이 책은 이러한 역설에서 출발합니다. 오늘 '비만'이 왜 사회 문제가 되었는지 역사적, 문화적 관점에서 살피고 선진국과 개발도상국에서 나타나는 비만 문제의 양상과 그 속에 숨은 식품산업의 어두운 그림자, 나아가 전 세계적 차원의 식량 문제로까지 사고의 범위를 넓혀 줍니다.

### 세더잘 04
## 이주 왜 고국을 떠날까?
루스 윌슨 글 | 전국사회교사모임 옮김 | 설동훈 감수

**지구촌 다문화 시대의 국제 이주 바로 알기**
오늘날 국제 사회와 다문화, 다민족 사회를 이해하기 위해 꼭 알아야 할 '이주'에 관한 책. 왜 사람들은 이주를 선택하거나 강요받는지에 대한 다양한 관점을 제시하고, 또 이에 대한 정부의 정책과 국제기구의 활동도 알려 줍니다.

세더잘 03
## 중국 초강대국이 될까?
안토니 메이슨 글 | 전국사회교사모임 옮김 | 백승도 감수

**세계 초강대국으로 떠오르고 있는 중국 바로 알기**
우리나라는 정치·경제적으로 중국과 더욱 긴밀한 관계를 맺고 있습니다. 가까운 미래에 중국의 영향력은 더 커질 것이기에 중국을 제대로 이해해야 합니다. 이 책은 객관적 시선으로 중국을 편견 없이 바라보도록 돕습니다.

세더잘 02
## 테러 왜 일어날까?
헬렌 도노호 글 | 전국사회교사모임 옮김 | 구춘권 감수

**평화로운 세상을 위해 더 잘 알아야 하는 불편한 진실, 테러**
이 책은 테러에 대해 어떤 특정 사건과 집단 대신 '테러'라는 하나의 축으로 세계 갈등의 역사를 조망합니다. 나아가 평화로운 세상을 만들기 위해서 테러에 대해 잘 알아야 한다고 역설합니다.

세더잘 01
## 공정무역 왜 필요할까?
아드리안 쿠퍼 글 | 전국사회교사모임 옮김 | 박창순 감수

**공정 무역 = 페어플레이, 초콜릿과 축구공으로 보는 세계 경제의 진실**
공정무역을 포함한 무역과 시장경제를 올바르게 이해하도록 돕습니다. 오늘날 기업은 생존과 발전을 위해서 사회적 책임을 다해야 하고, 따라서 공정무역에 관심을 가질 수밖에 없습니다. 우리 아이들이 미래의 리더가 되기 위해 꼭 알아야 할 공정무역에 관한 책입니다.

※디베이트 월드 이슈 시리즈 **세더잘**은 계속 출간됩니다.

# 청소년을 위한 세계경제원론

## 이론과 현실을 조화롭게 아우른 생생한 세계경제원론서!

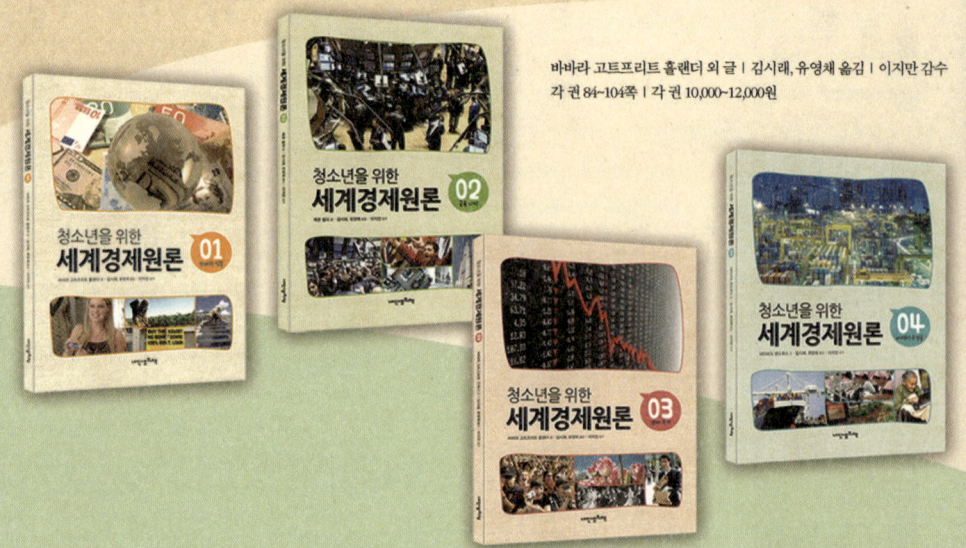

바바라 고트프리트 홀랜더 외 글 | 김시래, 유영채 옮김 | 이지만 감수
각 권 84~104쪽 | 각 권 10,000~12,000원

**01 경제학 입문**
수요와 공급에서부터 사업 조직, 대출과 이자, 중앙은행과 정부의 역할, 경제 체제 그리고 무역에 이르기까지 경제학의 기본 개념을 배우며 경제를 보는 눈을 기릅니다.

**02 금융 시장**
금융 시장의 개념과 작동 원리, 투자의 기본적인 기능과 예금, 적금, 주식, 채권 등 보상과 위험이 공존하는 다양한 금융 투자의 세계를 알아봅시다.

**03 경제 주기**
경제 주기란 무엇이며 경기가 호황인지 불황인지를 어떤 지표로 판단하는지 배웁니다. 세계 경제가 어떻게 변화해 왔는지와 더불어 현재 세계 경제가 처한 상황도 짚어 봅니다.

**04 세계화의 두 얼굴**
시장과 무역의 역사, 세계화가 노동자와 기업, 선진국과 개발 도상국, 환경과 문화 등 사회 전반에 미치는 영향과 부작용, 문제를 해결해 나가기 위해 함께 노력하는 국제 사회의 모습을 살펴봅니다.

★서울시교육청 추천도서 ★한국간행물윤리위원회 선정도서